Wege nach Golgatha

Herausgegeben und eingeleitet von
Sigrid und Horst Klaus Berg

Kösel/Calwer

Biblische Texte verfremdet Band 10
Herausgegeben und eingeleitet von Sigrid und Horst Klaus Berg

CIP-Titelaufnahme der Deutschen Bibliothek

Biblische Texte verfremdet / hrsg. u. eingel. von
Sigrid u. Horst Klaus Berg. – München : Kösel ;
Stuttgart : Calwer Verl.
Bd. 10. Wege nach Golgatha. – 1989
   ISBN 3-466-36375-6 (Kösel) kart.
   ISBN 3-7668-3027-9 (Calwer) kart.
NE: Berg, Sigrid [Hrsg.]

© 1989 by Kösel-Verlag GmbH & Co., München
und Calwer Verlag, Stuttgart.
Printed in Germany. Alle Rechte vorbehalten.
Gesamtherstellung: Kösel, Kempten.
Umschlag: Günther Oberhauser, München, unter Verwendung des
Bildes „Schwarzes Schauen", 1933, von Alexej von Jawlensky.
Privatsammlung. © 1989, Copyright by COSMOPRESS, Genf.
ISBN 3-466-36375-6 (Kösel)
ISBN 3-7668-3027-9 (Calwer)

INHALT

Einführung 5

Prolog 16
10.1 Frei Betto, Der Gott meines Glaubens 16
10.2 Arnulf Rainer, Christusübermalung 18
10.3 Ernst Eggimann, jesus 19
10.4 Peter F. Bock, Gedanken zum Passionsweg 20

Sie verfolgten ihn *Matthäus 2,1–2a; 13b–14* 21
10.5 Kurt Wolff, Es mag die weisen Gelehrten gewundert haben . . 21
10.6 Kurt Marti, flucht nach ägypten 22
10.7 Adolf Muschg, Hast du wirklich die Pyramiden gesehen? . . . 22
10.8 Azaria Mbatha, Kindermord zu Betlehem 23

Sie beschlossen, ihn zu töten *Matthäus 26,3–5* 24
10.9 Manfred Fischer, Unruhe war ausgebrochen 24

Sie jubelten ihm zu *Matthäus 21,1–11* 28
10.10 Kurt Wolff, Da sind den Leuten plötzlich die Augen aufgegangen 29
10.11 Rudolf Otto Wiemer, Der Esel 31
10.12 Linus David, Hosanna – crucifige 31

Sie aßen und tranken mit ihm *Matthäus 26,26–29* 33
10.13 Vamos Caminando, Ein Mahl, das verpflichtet 33
10.14 Uwe Seidel, Brot-Worte 36

Sie ließen ihn im Stich *Matthäus 26,30–46* 37
10.15 Tito de Alencar Lima, Lasciate ogni speranza 38
10.16 Charles B. S. Nkosi, He Endured Pain and Weakness 40
10.17 Dorothee Sölle, Er schwitzt blut 41

Sie verrieten ihn *Matthäus 26,47–50; 69–75* 42
10.18 Manfred Fischer, Und da kam Judas 43
10.19 Kurt Wolff, Jesus fragte Judas 44
10.20 Otto Dix, Die Verleugnung 46
10.21 Jürgen Rennert, Konjugation durch alle Zeiten 47
10.22 Lothar Zenetti, Was dich verrät 48

Sie klagten ihn an *Markus 14,53–64 / Johannes 18,28–40* 49
10.23 Dorothee Sölle, Es gilt dies als größe 51
10.24 Max Beckmann, Christus und Pilatus 52

10.25	Wilhelm Willms, da gab er ihnen barabbas frei	53
10.26	Jürgen Rennert, Plebejisches Plädoyer	56
10.27	Theodor Weißenborn, Unterfragt	56

Sie verspotteten und sie folterten ihn *Johannes 18,22; 19,1–5* ... 57

10.28	Dorothee Sölle, Bericht aus argentinien	57
10.29	Käthe Kollwitz, Ich will eine Zeichnung machen	58
10.30	Otto Dix, Die Verspottung	59
10.31	Ulrich Fick, Hilf dir selbst	60
10.32	Ernst Klee, Versuch einer Verspottung	62
10.33	Gebet der Mutter eines Entführten	63

Er war verlassen *Matthäus 27,46/Psalm 22,1–20.23* ... 66

10.34	Kurt Marti, am holz	68
10.35	Martin Gutl, Seht, welch ein Gott!	69
10.36	Ernst Eggimann, psalm 22	70
10.37	Uwe Seidel, Mein Gott, mein Gott	71
10.38	Pablo Picasso, Kreuzigung nach Grünewald	72
10.39	Zephanja Kameeta, Psalm 22	72
10.40	Ernesto Cardenal, Mein Gott, mein Gott	74

Sie schlugen ihn ans Kreuz *Markus 15,24–37* ... 76

10.41	Espolio	77
10.42	Rainer Maria Rilke, Kreuzigung	79
10.43	Thomas Erwin, Kreuzigung	80
10.44	James Matthews, Armut ist mein Kreuz	80
10.45	Vuminkosi Zulu, Crucifixion	81
10.46	Theodor Weißenborn, Cui bono?	82
10.47	Theodor Weißenborn, Fataler Aspekt	82
10.48	Lothar Zenetti, Die Kreuzigung	83
10.49	Eva Zeller, Golgatha	84
10.50	Am Kreuz hängt nicht nur einer	84
10.51	Antonio Saura, Kreuzigung	85

Epilog ... 86

10.52	Kurtmartin Magiera, vor dem sarg und hinter dem sarg	86
10.53	Hildegard Wohlgemuth, Golgatha	90
10.54	Christa Peikert-Flaspöhler, karfreitags	91
10.55	Kurt Marti, „Denn Nichtlieben ist Tod und Lieben ist Leben"	94

Quellennachweis ... 95

EINFÜHRUNG

„Overfamiliar" nennt man im Englischen ein Verhältnis, in dem übergroße Vertrautheit eine wirkliche Begegnung nicht mehr aufkommen läßt. Das allzu Bekannte erkennen wir nicht mehr.
So geht es wohl auch mit der biblischen Überlieferung: Durch den Gebrauch im Gottesdienst, in der täglichen Lesung, im Religionsunterricht sind die Texte abgenutzt, fordern nicht mehr heraus.
Wer nimmt einen Bibeltext noch so wahr, wie es einst der Prophet Jeremia beschrieb?
„Ist nicht mein Wort wie Feuer, spricht der Herr,
und wie ein Hammer, der Felsen zerschmeißt?" (Jer 23,29)
Wir müssen dringend die lähmende Vertrautheit aufheben, damit die Bibel wieder frag-würdig wird. Eine wichtige Methode ist die Verfremdung. Die Bände „Biblische Texte verfremdet" bieten dafür viele Beispiele und Anregungen.

Drei Schritte zum Verstehen

Wer sich mit Verfremdungen beschäftigt, sieht sich mit Texten oder Bildern konfrontiert, die Aufmerksamkeit erregen und zur Auseinandersetzung provozieren wollen. Um genauer zu klären, was bei dieser Auseinandersetzung geschieht, wollen wir den Verstehensprozeß einmal schrittweise darstellen, auch wenn er beim praktischen Umgang mit Verfremdungen sicher oft ganz anders verläuft.
Wir setzen nicht bei der fertigen Verfremdung ein; diese gewinnt ja ihr eigenes Profil erst durch die Spannung zum Bibeltext, mit dem sie kritisch umgeht.
Darum wollen wir in einem *1. Schritt* fragen, wie heute das Leiden Jesu, die Passion, verstanden und gebraucht wird. In einem *2. Schritt* befragen wir die biblische Überlieferung nach den Deutungen, die sie selbst für den Tod Jesu bereit hält. Damit stoßen wir auf die Texte, die den Verfremdungen dieses Bandes zugrundeliegen. – Schließlich untersuchen wir, mit welchen Absichten und Methoden

sich heute Schriftsteller und Künstler verfremdend mit diesen Texten auseinandersetzen *(3. Schritt)*. Das werden wir an Beispielen aus diesem Band erläutern. (Eine ausführliche Darstellung der Grundsätze und Verfahren der Verfremdung bietet Band 1 dieser Reihe an. Er enthält außerdem Vorschläge und Modelle zum Einsatz von Bibelverfremdungen in Religionsunterricht und Gemeindearbeit sowie Anleitungen zu eigenen Verfremdungsversuchen. Die Einleitungen zu den einzelnen Bänden können nur eine knappe Zusammenfassung anbieten; diese verwenden bei den Ausführungen über die Bedeutung der Verfremdung teilweise den gleichen Text).

1. Schritt: „Passion" heute

Vielen ist heute der Zugang zur Person und zum Verständnis des Todes Jesu undeutlich geworden oder versperrt: Die überlieferten Formeln wie »geopferter Sohn Gottes" oder „Erlöser" wollen nicht mehr greifen, neue Sichtweisen zeigen sich noch nicht überzeugend.
Allerdings öffnet sich ein Zugang, wo der verfolgte, leidende und getötete Mensch Jesus in den Blick kommt. Es ist wohl so, daß viele Zeitgenossen in dem Mann aus Nazareth das Ur-Bild all jener Leidenden erkennen, deren Bilder uns heute täglich in zermürbender Vielfalt und Heftigkeit bedrängen.
Der jüdische Schriftsteller Schalom Ben-Chorin hat diese Sicht in seiner bekannten Wendung vom „Bruder Jesus" einprägsam gefaßt. Sie bezieht sich vor allem auf das Leiden des jüdischen Volkes, das Jesus verkörpert, ist aber auch Gleichnis für alles Leiden, das Menschen von anderen erdulden müssen.
Eine ganz ähnliche Perspektive zeigt sich in der bildenden Kunst des 20. Jahrhunderts, sofern sie sich mit der Jesus-Thematik beschäftigt. Da gibt es kaum Ansichten des machtvollen Gottessohnes, der am Ende eben doch über Unheil und Tod triumphiert, sondern in unendlicher Folge ziehen Bilder des geschundenen Mannes aus Nazareth an uns vorüber. Wir lassen es bei dieser ersten Beobachtung vorerst bewenden und werden ihr später noch ein wenig genauer nachgehen.
Jedenfalls zeigt sich, daß heute Christus von nicht wenigen Menschen vor allem oder ganz und gar als der leidende Mensch wahrge-

nommen wird. Er erscheint als Grund-Symbol des gemarterten und gemordeten Mitmenschen, aber auch als der Bruder, den Menschen im Unglück solidarisch verbunden.
So könnte sich im Blick auf den Unglücks-Bruder Jesus ein neuer Zugang zu Christus öffnen.
Aber dieser wird für viele gleich wieder durch Ansprüche der kirchlichen Lehre verstellt, die sich auf die biblische Überlieferung beruft. Die populärste Deutung basiert auf der Lehre des mittelalterlichen Scholastikers Anselm von Canterbury, die meist als „Satisfaktionstheorie" bezeichnet wird, die Lehre von der Genugtuung. Sie besagt: Durch die Sünde vergreift sich der Mensch an Gottes Ehre. Dessen Gerechtigkeit verlangt nach Strafe oder Genugtuung. Gott entscheidet sich für die Genugtuung. Diese aber kann kein Mensch leisten, sondern nur Gott selbst – andererseits muß der sündige Mensch sie leisten. Indem der Gott-Mensch Christus, ohne dazu verpflichtet zu sein, sein Leben opfert, wird die Genugtuung vollzogen. Gott belohnt die Tat, indem er den Menschen ihre Sünde vergibt.
Diese Anschauung hat die Vielfalt des biblischen Zeugnisses verengt. Sehen wir also nach, welche Sicht vom leidenden Christus das Neue Testament selbst vermittelt.

2. Schritt: Die Botschaft der biblischen Texte

Um allzu schnelle Festlegungen auf einen einzigen Deutungsansatz zu vermeiden, halten wir zunächst einmal nach dem gesamtbiblischen Hintergrund der Rede vom leidenden Gott Ausschau.
Das ganze *Alte Testament* ist voll von Hinweisen darauf, daß Gott mit seinem Volk, aber auch an seinem Volk leidet. Weil er seine Leute liebt, macht er sich klein und verletzbar. Er seufzt mit ihnen unter der Knechtschaft Ägyptens; er trägt ihnen die Fackel voran auf dem Weg durch die Wüste – wie ein Sklave. Aber weil das geliebte Volk Gott seine Liebe oft genug mit Untreue vergilt, muß er es wie eine schwere Last tragen (z. B. Jes 46,3 f.), er leidet an seinem Volk.
Die zweite Linie, die sich im Alten Testament zeigt, ist die des Gottesboten, der, obwohl selbst unschuldig, stellvertretend für sein Volk leidet (Jes 53):

„Wahrhaftig, er trug unsere Krankheit
und lud auf sich unsere Schmerzen.
Wir aber dachten, er sei gestraft,
von Gott geschlagen und gemartert..."
heißt es im Lied von leidenden Gottesknecht (Jes 53,4).
Das *Neue Testament* hat den Sinn des Leidens und Sterbens Jesu in die kurze Wendung verdichtet: „Für unsere Sünden" (z. B. 1 Kor 15,3) – oder noch kürzer: „Für uns" (z. B. 1 Kor 11,24). Hier muß man sich vor einer schnellen Zuweisung an eine Sühne- oder Opfertheorie hüten. In dieser Wendung „für uns" schwingt sicher auch die alttestamentliche Tradition mit, daß Gott selbst an der Unterwerfung seiner Leute unter die Macht der Sünde leidet; und Jesus, Gottes Gerechter, erleidet das Schicksal der verfolgten Propheten (z. B. Lk 11,49 ff.). Spätere Texte haben ja sein ganzes Leben von Anfang an unter dieser Perspektive gesehen, wenn sie von den Nachstellungen des Königs Herodes bei der Geburt des Kindes erzählen (Mt 2).

Auch das Lied vom leidenden Gottesknecht Jes 53 hat offenbar die Deutung des Todes Jesu in den ersten Gemeinden geprägt. Zunächst ist offenbar noch nicht an Sühne oder Opfer gedacht (z. B. im Zitat Mk 15,28). Erst allmählich verband sich der Sühne-Gedanke mit dem Sterben Christi, vor allem im Zusammenhang mit dem Abendmahl (z. B. Röm 3,24–26). Aber dabei darf nicht übersehen werden, daß das *ganze Leben Jesu* ein „Sein-für-die-anderen" (L. Boff) war, das heilend und versöhnend wirkte. Es provozierte den Widerstand der Herrschenden und führte am Ende in den gewaltsamen Tod.

Bei Paulus liegen unterschiedliche Deutungen vor: Das Kreuz Christi dient als Kriterium zur Unterscheidung: Gerade in den Ohnmächtigen ist Gott mächtig (vgl. 1 Kor 1,17 ff.). Weiterhin bezeugt Paulus, daß im Zeichen des Kreuzes das Heil denen zugesagt ist, die ihre eigene Schwäche erkennen und sich für die Liebe Gottes öffnen (z. B. 2 Kor 6,4 ff.). Gegenüber Gemeinden, die die in Christus eröffnete Freiheit vergessen und eine neue Gesetzlichkeit propagieren, vertritt Paulus, daß der Tod Christi vom Fluch des nicht befolgten Gesetzes befreit (z. B. Gal 4,4 f.). Schließlich ist darauf hinzuweisen, daß Christus gleichsam das verfehlte, der Sünde verfallene Leben der Menschen „zu Kreuze trägt" und damit der Herrschaft der Sünde entzieht (z. B. Röm 6,1–14).

Ganz anders deutet das Johannesevangelium das Geschick Jesu, indem es das Symbol des Weizenkorns verwendet, das erst dann Frucht bringt, wenn es in die Erde fällt und stirbt (Joh 12,23–26). Erst der spät entstandene Hebräerbrief verwendet die Vorstellungswelt des jüdischen Opferkults: Durch seinen Tod als Opfer betritt Jesus als Hoherpriester das Allerheiligste und tritt vor Gott für uns ein (z. B. Hebr 7,11–28).
So finden sich im Neuen Testament ganz unterschiedliche Versuche, den Tod Jesu zu fassen und zu deuten. Keine erhebt den Anspruch, das Geheimnis dieses Sterbens zu erschließen; jede hebt einen Aspekt hervor und hilft zum besseren Verständnis. Die Vorstellung des von Anselm beschriebenen göttlichen Strafverfahrens mit einem Richter, der die blutige Strafe unbedingt vollzogen haben will, ist aber der biblischen Überlieferung fremd.

3. Schritt: Verfremdungen bringen die biblische Überlieferung wieder deutlich zur Sprache

Die Bilder und Texte dieses Bandes versuchen, angesichts der Verengung durch kirchliche Tradition festgefahrene Deutungsmuster aufzubrechen und die Vielfalt des biblischen Zeugnisses wieder zur Sprache zu bringen; damit könnten sich heute neue Verstehenswege eröffnen. Dafür hat sich eine spezifische Formensprache entwickelt, die wir an Beispielen vorstellen wollen.
Vorab gehen wir noch kurz auf die Frage ein: wie kommt eigentlich eine Verfremdung zustande? Wir können dabei grundsätzlich zwei Wege unterscheiden: Einmal entstehen Texte im geplanten Gegenüber zu einer bestimmten Bibelstelle oder einem größeren Überlieferungszusammenhang. Als Beispiele dafür können wir die meisten Texte und Bilder dieses Bandes verstehen. Der andere Weg ist, daß im nachhinein zur biblischen Vorlage passende Texte und Bilder gesucht werden, die die Quelle erweitern, vertiefen, ihr widersprechen usw. Hier wären als Beispiele die Texte 10.46 und 47 und andere zu nennen. Kriterium ist in beiden Fällen nicht, ob eine Verfremdung das biblische Gegenstück textgetreu wiedergibt, sondern ob dessen Stoßrichtung aufgenommen wurde; das kann im Einzelfall durchaus bedeuten, daß der neue Text der biblischen Quelle radikal widerspricht – dann nämlich, wenn deren Aussage

durch Abnutzung so selbstverständlich geworden ist, daß sie uns nicht mehr als Botschaft erreicht; als Beispiele notieren wir die Gegen-Texte und -Bilder 10.41 und 42.

Merkmale der Verfremdungen

Die charakteristischen Intentionen und Formen der Verfremdungen fassen wir in vier Merkmalen zusammen:

Neue Sprachformen heben die übergroße Vertrautheit auf

Zunächst einmal geht es in den Verfremdungen darum, die eingespielten Wahrnehmungsgewohnheiten des heutigen Lesers oder Hörers zu stören, dafür zu sorgen, daß das allzu Bekannte in neuem Licht erscheint. Dabei stützen sich die Autoren und Künstler auf die Verfremdungstheorie von Bertolt Brecht, die dieser im Blick auf die Erneuerung des Theaters entwickelte („V-Effekt"). Brecht beschreibt den geplanten Vorgang so: „Der V-Effekt besteht darin, daß das Ding, ... auf welches das Augenmerk gerichtet werden soll, aus einem gewöhnlichen, bekannten ... Ding zu einem besonderen, auffälligen, unerwarteten Ding gemacht wird" (Schriften zum Theater, Werkausgabe Band 15, Frankfurt 1967, S. 355).
Wie kann diese Wirkung erzielt werden?
Vor allem durch Aufbrechen der bisherigen Sprachformen. Da ist zunächst einmal die Veränderung im Blick auf den Umfang des Bibeltextes zu nennen. Viele Verfremdungen verdichten ihre Vorlage und erregen dadurch Aufmerksamkeit. So konzentriert beispielsweise Kurt Marti die ganze Christusgeschichte in wenige Grundsymbole: Nicht Ägypten ist „fluchtpunkt der flucht", sondern das Kreuz (10.6). Oder Peter F. Bock reiht eine Sequenz von Wörtern, die jeweils einen Aspekt der Passion in sich schließen („eingespannt – aufgeladen"). Diese ungewöhnliche Zusammenstellung bewirkt nicht nur eine kräftige Verdichtung des Geschehens, sondern beteiligt den Leser, indem die Wörter ihn anregen, sie mit eigenen Gedanken und Erfahrungen aufzufüllen (10.4). – Andere Texte erweitern ihre Vorlage. So breitet Manfred Fischer die kurzen Hinweise über die Verhaftung Jesu zu einer ausgreifenden erzählen-

den Meditation (10.18). Sie entfaltet nicht nur die einzelnen Züge des biblischen Textes, sondern knüpft auf beklemmende Weise an heutige Erfahrungen an.
Viele Verfremdungen benutzen die sprachliche Form der Vorlage und füllen sie mit neuen Inhalten. Besonders gut eignen sich dafür Texte mit einer streng gebauten Form wie beispielsweise Psalmen. Die Paraphrasen zu Psalm 22 von Uwe Seidel (10.37), Zephanja Kameeta (10.39) und Ernesto Cardenal (10.40) bleiben eng an der Bauform des biblischen Liedes und erhalten damit die Kraft der geprägten Form. Aber sie bringen in der traditionellen Form Fragen, Ängste und Konflikte ihrer Gegenwart zur Sprache. Diese Arbeit darf keineswegs als modische Anpassung mißverstanden werden; sondern es kommt ja zu einer intensiven Verschränkung von Überlieferung und Gegenwart: Die heutigen Erfahrungen geraten ins Licht des Glaubens, und die Tradition kann ihre kritische und heilende Kraft in bezug auf unsere Fehler und Schwachheiten freisetzen.

Kunst eröffnet neue Zugänge

Besonders interessante, neue Zugänge zur biblischen Überlieferung eröffnet die Kunst – wenn man sie ernstnimmt und ihre eigene Sprache respektiert. Eine künstlerische Auseinandersetzung mit einem religiösen Inhalt will ja nicht ein vorgegebenes Thema veranschaulichen oder illustrieren, sondern sucht die eigene Perspektive. Das bewährt sich nicht zuletzt an der Thematik dieses Bandes. Es hatte sich ja gezeigt (Schritt 1), daß die Erinnerung an das Leiden und Sterben des Menschen Jesus neue Zugänge bahnen kann, die aber von der traditionellen einseitigen Sühnopfer-Lehre wieder verstellt werden.
Von solchen Verfestigungen muß man sich befreien. Diese Befreiungsarbeit ist den Übermalungen von Arnulf Rainer deutlich abzuspüren, von denen in diesem Band ein Beispiel angeboten wird (10.2; vgl. Nr. 4.6 in Band 4). Mit nervös-aggressiven Strichen geht er über das großformatige Foto der mittelalterlichen Darstellung des Gekreuzigten, durchkreuzt die gewohnte Wahrnehmung, zerstört die traditionelle Sicht. Keineswegs handelt es sich hier um ein gedankenlos-artifizielles Spiel mit der Passion; der Betrachter kann

eine tiefe Betroffenheit erkennen, den Kampf um die eigene Sicht auf den leidenden Menschen Jesus.
Und um den geht es in der künstlerischen Auseinandersetzung mit der Christus-Thematik in der Moderne. Man wird hier kaum auf eine authentische Darstellung des machtvollen Siegers Christus treffen; im Mittelpunkt steht der leidende, gefolterte, zu Tode gebrachte Mann aus Nazareth. Er wird zum Ur-Bild der Leiden, die Menschen sich gegenseitig antun... und zum Unglücks-Bruder aller Geschundenen und Getöteten. „Ich will eine Zeichnung machen, die einen Menschen zeigt, der das Leid der Welt sieht", notiert die engagierte Künstlerin Käthe Kollwitz (10.29). Jeder, der heute Verfolgung und Tod erduldet, trägt die Züge Christi; das zeigt sich in vielen Passionsbildern (10.24; 10.30 und 32; 10.38) – vor allem in der Kunst der Dritten Welt (10.8; 10.16; 10.45). In solchen Bildern schwingt ein Sinn von „Stellvertretung" mit, der wohl nicht ohne weiteres mit der Lehre vom „stellvertretenden Leiden und Sterben Christi" übereinkommt, aber uns vielleicht tröstlicher anspricht als die überkommene Formel.
In der Passion Christi können sich aber nicht nur die heute Leidenden unterbringen – die Darstellungen konfrontieren oft genug auch den Betrachter mit der Frage nach denen, die Leiden verursachen. So setzt Otto Dix in der Darstellung der beiden Personen Oberflächlichkeit und Gier, Beziehungslosigkeit und Haß im Zusammenleben schonungslos ins Bild (10.30); die fratzenhafte Verzerrung der Gesichter und Körper entlarvt, wie solche Verhaltensweisen den Menschen beschädigen. Indem der Maler den Mann mit der Dornenkrone dazustellt, vereint er Täter und Opfer. – Noch schärfer formuliert Paul Klee die gleiche Sicht (10.32): Das gemarterte Antlitz – auf den ersten Blick kaum zu entdecken – ist von verzerrten Fratzen umstellt: Erkennen wir die zu Schweinen deformierten Peiniger – die sensationslüsternen dümmlichen Zuschauer – die selbstzufrieden grinsenden Herrschenden?
Das Bild der Passion stellt uns nicht nur in den Zusammenhang des Leidens, es konfrontiert uns auch mit der Frage, wer oder was das Leiden verursacht – damals und heute. So formuliert es auch Hildegard Wohlgemuth: Sie nennt „alle Tode, die wir bringen, alle Tode, die wir erleiden" (10.53).
Dies alles soll im Titel dieses Bandes angesprochen sein: „Wege nach Golgatha" meint nicht nur den Gang Jesu zum Kreuz, sondern

schließt auch Wege ein, die heute leidende Menschen zum Mann von Golgatha suchen.

Ein weiterer wichtiger Zug der künstlerischen Auseinandersetzung ist der Verzicht auf Eindeutigkeit. Er zeigt sich beispielsweise in der „Kreuzigung nach Grünewald" von Pablo Picasso (10.38). Zwar ist die Grundstruktur der Vorlage noch deutlich erkennbar; aber die Figuren sind auf ein ausgespartes weißes Gerüst aus Linien und Flächen auf schwarzem Grund reduziert. Diese Verfremdung führt eine Offenheit und Vieldeutigkeit der (allzu) vertrauten Vorlage herbei: Man könnte im Bild die bekannten Figuren wahrnehmen – aber vielleicht auch bedrohliche Ungeheuer, speereschleudernde Angreifer... Das Leiden und Sterben Jesu läßt sich nicht ein für alle Mal festlegen, weder in theologischen Formeln noch in Bildzeichen – diese Einsicht könnte ein solches Bild fördern. – Ganz ähnlich offen formuliert die Zeichnung von Antonio Saura (10.51): Symbolisieren die vielen Kreuze die Waffen der Mörder? Oder können sich darin die Kreuze der vielen bis heute Gemarterten wiederfinden (vgl. 10.50)? Und sehen wir wirklich den Körper eines Sterbenden? Oder streckt er sich schon zur Auferstehung dessen, der die tötende Gewalt überwindet?

Neue Perspektiven heben die Gewöhnung auf

Traditionellerweise nehmen wir die biblischen Texte in fest bestimmten Räumen und Zeiten wahr; ihr Ort ist die biblische Geschichte des Alten und Neuen Testaments – weit entfernt von unserer Lebenswelt. – Die meisten Verfremdungen strengen sich an, diese Vertrautheit aufzuheben und gleichzeitig den Abstand zu verringern, z. B. durch eine entsprechende Veränderung der Raum- oder Zeitperspektive. In unsere Gegenwart verlegen eigentlich alle das Geschehen; deutlich zeigt sich die Verfremdung bei Texten und Bildern aus der Dritten Welt (10.8; 13; 15; 16; 33; 40; 44; 45). Natürlich geht es hier nicht nur um die Verlegung des Schauplatzes – das wäre ja nichts weiter als ein oberflächlicher Austausch der Kulissen! Die Verfremdungen aus der Dritten Welt erzählen die Passion aus der Sicht von Betroffenen: *Sie* sind es, deren Schicksal Christus teilt, der sie ermutigt, ihnen neue Hoffnung einatmet. Die Lektüre solcher Beispiele aus der Dritten Welt verhindert, daß wir uns vorschnell das Leiden Jesu aneignen; sie setzen uns der Frage

aus, ob wir nicht vornehmlich auf der Seite der Leid-Verursacher zu finden sind (vgl. 10.53).
Wie fruchtbar sich ein Perspektivenwechsel auswirken kann, zeigt sich, wenn die Leidensgeschichte aus der Sicht eines unbeteiligten Zuschauers erzählt wird (10.14): Wie ist meine eigene Einstellung? Oder was ist davon zu halten, wenn das Passionsgeschehen als Verwaltungsakt gesehen wird (10.25) oder die Kreuzigung als eine Arbeit, die möglichst perfekt getan sein will (10.41)? Immer halten die Verfremdungen dem Leser den Spiegel vor: Welche Grundsätze und Verhaltensmuster leiten ihn selbst? Welche Konsequenzen haben sie für andere?

Provokationen brechen erstarrte Wahrnehmungsmuster auf

Nicht selten tragen verfremdende Texte und Bilder ihre Sache so pointiert vor, daß sie als Provokation empfunden werden, als Angriff auf die eigenen Gefühle, auf die Autorität der Schrift oder sogar auf die Ehre Gottes: Darf man denn ein Christusbild einfach beschmieren und zerstören (10.2)? Oder ist es erlaubt, das Passionsgeschehen als fragwürdiges Spiel eines erzürnten despotischen Vaters darzustellen (10.47)?
Bei näherer Betrachtung wird klar: Zielscheibe des Angriffs ist nicht der Bibeltext, sondern die Art, wie er vielfach gebraucht – und damit mißbraucht – wird: Als erbauliche Rede, als gewohntes Andachtsbild, ganz unberührt von der Wirklichkeit unseres Alltags.
Verfremdende Texte und Bilder wollen aus erstarrten Gewohnheiten zu einer neuen Begegnung mit dem biblischen Christus und mit uns selbst herauslocken – nichts anderes heißt ja pro-vozieren! Wo unsere Sichtweisen und Handlungsmuster verhärtet sind, schlägt eine Verfremdung auch einmal schmerzhaft zu, um neues Leben anzuregen. Das sollten wir bedenken, wenn wir uns provoziert fühlen.

Wir sind am Ende unseres Rundgangs durch die Verfremdungen dieses Bandes. Die Texte und Bilder sind ans Ziel gekommen, wenn sie Überliefertes frag-würdig werden ließen, Unruhe gestiftet und verschüttete Wege nach Golgatha neu geöffnet haben.

Der Leser wird in diesem Band vielleicht manche wichtigen biblischen Texte zum Thema „Passion" vermissen oder sich eine ausführlichere Bearbeitung vorstellen. Es sind aber viele Texte und Aspekte zum Leiden und Sterben Jesu bereits in anderen Bänden der Reihe *Biblische Texte verfremdet* angeboten worden. Wer darauf zurückgreifen möchte, kann sich anhand der folgenden Hinweise orientieren:

Insgesamt ist auf *Band 4* zu verweisen (Jesus, Anfragen und Bekenntnisse); vor allem auf die Verfremdungen zu: Mt 8,20 (Jesus hat keinen Ort der Geborgenheit); Joh 12,23–26 (Die Rede vom Weizenkorn); Jes 53,1–12 (Der leidende Gottesknecht); Mk 15,39 (Am Kreuz zeigt sich die Göttlichkeit Jesu); Phil 2,5–11 (Der Christushymnus).

In *Band 1* findet sich eine kommentierte Bild-Sequenz zum Thema (S. 88–102). *Band 2* bietet acht Texte und Bilder zur „Flucht nach Ägypten" an. *Band 3* thematisiert die Fußwaschung (Joh 13,1–20), *Band 7* das Abendmahl.

10.1 Der Gott meines Glaubens

Ich glaube weder an den Gott von Magistratsbeamten
noch an den Gott von Generälen
oder patriotischen Gebeten.
Ich glaube weder an den Gott von Staatsbegräbnissen
noch an den Gott von Audienzsälen,
von Präambeln in den Verfassungen
oder von Epilogen in wortreichen Reden.
Ich glaube weder an den Gott erfolgsgesegneter Reicher
noch an den Gott der Angst der Betuchten
oder der Freude derer, die das Volk nur bestehlen.
Ich glaube weder an den Gott eines verlogenen Friedens
noch an den Gott einer volksverachtenden Justiz
oder ehrwürdiger nationaler Traditionen.
Ich glaube weder an den Gott leerer Predigten
noch an den Gott protokollarischer Begrüßungen
oder liebloser Ehen.
Ich glaube weder an den Gott, den sich die Mächtigen
nach ihrem Bild und Gleichnis zurechtgezimmert haben,
noch an den Beruhigungsmittel-Gott
für das Leid und die Misere der Armen.
Ich glaube weder an den Gott, der in Kirchengemäuern
   schläft,
noch an den Gott, der in den Geldschränken der Kirchenbe-
   hörden eingesperrt.
Ich glaube weder an den Gott des Weihnachtsrummels
noch an den Gott der eingängigen Werbung.
Ich glaube weder an den Gott all dieser Lügen,
die wie Tongefäße zerbrechen,
noch an den Gott der bestehenden Ordnung,
die nichts weiter als etablierte Unordnung ist.
Der Gott meines Glaubens wurde in einer Höhle geboren,
war Jude,
wurde von einem ausländischen König verfolgt

und zog landauf, landab durch Palästina.
Leute aus dem einfachen Volk begleiteten ihn.
Hungernden gab er Brot,
Licht denen, die im Dunklen lebten,
Freiheit denen, die in Ketten lagen,
Frieden denen, die sich nach Gerechtigkeit sehnten.
Der Gott meines Glaubens stellte den Menschen über das Gesetz und die Liebe an die Stelle der altehrwürdigen Traditionen.
Er hatte keinen Stein, auf den er sein Haupt hätte legen können,
und mischte sich ohne Berührungsängste unter die Armen.

Mit Doktoren hatte er es nur zu tun,
wenn diese an seinen Worten zweifelten,
und Richter wollten ihn verurteilen.
Die Polizei stellte ihm nach und verhaftete ihn.
In den Palast des Gouverneurs kam er,
um ausgepeitscht zu werden.
Der Gott meines Glaubens trug eine Krone aus Dornen
und ein Gewand, das ganz aus Blut gewebt.
Treiber hatte er, die ihm den Weg
zur Schädelstätte öffneten,
wo er zwischen Räubern
den Tod am Kreuz fand.

Der Gott meines Glaubens
ist kein anderer als
der Sohn Marias,
Jesus von Nazaret.

Jeden Tag stirbt er aufs neue
am Kreuz unseres Egoismus.
Jeden Tag steht er wieder auf von den Toten
aus der Kraft unserer Liebe.

Frei Betto

10.2

Arnulf Rainer: Christusübermalung (1985)

10.3

jesus
angenagelt
an die ewigkeit
senkrechte projektion
zerreiß dein bild
komm

Ernst Eggimann

10.4

scheiden – entscheiden
richten – verrichten
fügen – verfügen
fassen – anfassen
umfassen – unfaßbar
fassungslos
zupacken
annehmen – aufnehmen
gefallen – gefällt
eingespannt – aufgeladen
Schaut her – schaut hin – schaut weg
er ist gestürzt – sie haben ihn gestürzt
tief – tiefer – tiefer geht's kaum
halt ihn – schlag zu – Nagelprobe
Gesicht verloren
aufgehängt – erhängt – gehängt – erhöht
Ecce
Schau! – Hahaha!
gefallen – aufgefangen
zusammengefallen – geborgen
fassungslos – verloren
Weizenkorn

Peter F. Bock

¹ Als aber Jesus in den Tagen des Königs Herodes zu Bethlehem in Judäa geboren war, siehe, da kamen Weise aus dem Morgenland nach Jerusalem, ² die sagten: Wo ist der neugeborne König der Juden? ...
³ Als jedoch der König Herodes das hörte, erschrak er und ganz Jerusalem mit ihm. ...
¹³ ... da erscheint ein Engel des Herrn dem Joseph im Traum und sagt: Steh auf, nimm das Kindlein und seine Mutter mit dir und fliehe nach Ägypten und bleibe dort, bis ich es dir sage; denn Herodes will das Kindlein aufsuchen, um es umzubringen. ¹⁴ Da stand er auf, nahm des Nachts das Kindlein und seine Mutter mit sich und zog hinweg nach Ägypten.

Aus Matthäus 2,1–14

10.5

Es mag die weisen Gelehrten gewundert haben,
daß der König Herodes sie vom Hof entließ
und in den unbedeutenden Ort Betlehem schickt.
Aber sie gehen unbeirrt
und folgen ihrem strahlenden Stern,
bis er über einem glanzlosen Haus stehenbleibt,
in dem sie das Kind und seine Mutter Maria finden.
Hier breiten sie die Gastgeschenke aus,
die sie am Hof des Königs Herodes nicht auspackten.
Sie sind am Ziel.
Dann gehen sie wieder in ihr Land zurück.
Seitdem sie gefunden haben, hat sich ihr Weg geändert,
den ihnen schlafend ein Traum vorzeichnete.
Herodes mag sich selbst auf den Weg machen.
Sie haben ein Kind gefunden,
einen König der Juden ohne schimmernde Macht,
der Unmenschliches nicht dulden wird.
Nur noch einmal wird Jesus
König der Juden genannt werden,
wenn er sterbend Unmenschliches aushält.

Kurt Wolff

10.6 flucht nach ägypten

nicht
ägypten
ist
fluchtpunkt
der flucht

das kind
wird gerettet
für härtere tage

fluchtpunkt
der flucht
ist
das kreuz

Kurt Marti

10.7

Hast du wirklich die Pyramiden gesehen, fragte der kleine Zebedäus, wie sahen die aus?
Wie Gräber, sagte J.
Was hast du dir dazu gedacht?
So nicht, sagte J.

Adolf Muschg

10.8

Azaria Mbatha: Kindermord zu Bethlehem

³ Da versammelten sich die Hohenpriester und die Ältesten des Volkes im Palast des Hohenpriesters, der Kajaphas hieß, ⁴und berieten sich, um Jesus mit List festzunehmen und zu töten. ⁵ Sie sagten aber: Nicht am Fest, damit kein Aufruhr im Volk entsteht!

Matthäus 26,3–5

10.9

Unruhe war ausgebrochen in der Stadt.
Da spielten einige das Spiel nicht mehr mit,
zu gehorchen, sich zu bücken und sich zu verkriechen.
Ausgebrochen waren sie, die so fest Regierten,
ausgebrochen aus Lethargie, aus Gottesferne
und aus Schuldgefühlen,
die man in ihnen erzeugt und gepflegt hatte.
Sie verließen ihre Elendshütten,
ihre Kellerlöcher, Sozialwohnungen, Lager und Heime.
Sie kamen zu Jesus
und lebten frei,
ließen sich nicht mehr einschüchtern und schelten.
Sie wagten sich wieder unter Menschen,
an die Öffentlichkeit,
in Versammlungen und Gottesdienste
mit ihren Fragen und ihrem Anspruch auf Recht.
Sie ließen sich nicht zurückdrängen,
sondern erhoben ihre Häupter
in aufrechtem Gang –
nicht mehr Knechte der Menschen,
sondern Gotteskinder.

Da versammelten sich die Verantwortlichen –
schnell, denn ihre Sessel wackelten.

Sie hielten Rat,
das heißt, sie rechneten
mit der Vergeßlichkeit der Menschen,
mit der Kurzlebigkeit des Aufbegehrens
und wie immer mit dem Sieg der Taktik,
wenn sie die Leute hinhalten ...

Und so hielten sie Rat,
wie sie oben blieben,
wie ihre Ruhe und Ordnung
weiterhin bewahrt blieben
durch Religion ...

Und sie wußten, wie:
Der Staat in Gefahr –
das glaubhaft gemacht,
rechtfertigt alles,
auch ein Todesurteil.

So hält man einen Rat,
der diesen Namen verdient.
So muß es sein und bleiben:
Alle Macht den Räten,
den Ratsherren und Oberräten,
weil sie sich einig sind:

Jesus muß weg –
samt seiner Predigt
der Gottesliebe und der Gottesherrschaft.
Sie drängt zu sehr in unsere Politik
und stärkt nur die Kritik
an dem System, in dem wir leben.
Weg muß jemand, der Vergebung

zum höchsten Maßstab seines Verhaltens macht,
denn er unterschätzt die Macht des Bösen.
Weg muß jemand, der die Unsachverständigen
kompetent macht als stets Betroffene.

Weg muß Jesus –
und mit ihm alle Spielverderber seiner Art
und die Störenfriede,
die immer von den Opfern reden
der blutigen Gewalt
und der cleveren Geschäftemacher,
von den Opfern unserer Politik
und unserer Art, den Glauben zu vertreten,
ernst und kompromißlos.
Weg müssen sie, die den Leuten
nur den Kopf verdrehen
und den Sinn vernebeln,
daß sie harte Tatsachen nicht mehr sehen.

Jesus muß weg –
und mit ihm alle Rebellen der Gottesliebe,
die nur unsere Macht beschneiden.
Weg müssen alle,
denen Vergebung zur Weltanschauung wird,
die sich auf Gott berufen
gegen das reibungslose Zusammenspiel
der Autoritäten, der Gremien und Ämter.
Kein Platz für Fantasten, die sich zusammentun
gegen den gesunden Menschenverstand.

Und sie sprachen: Ja nicht am Fest.
Nicht an Weihnachten, nicht an Ostern,
während des Urlaubs nicht.
Töten ist in erster Linie
eine Frage des Termins,
des günstigen Augenblicks.

Da bedarf es des Taktes
und des Fingerspitzengefühls.
Darum ja nicht am Fest.

An Festen und an Feiertagen
bitte keine Politik,
keine Gewalt, kein Blutvergießen.
Ja dem Volk nicht die Stimmung verderben
und den Appetit.
Ja nicht am Fest!
Laßt ihnen die paar schönen Stunden,
die bedeutungslosen,
die Feiertagsreden und die Pilgerzüge.
Laßt den Leuten ihre Ruhe,
laßt ihnen Jubel, Trubel, Heiterkeit,
oder laßt sie in die Kirche gehen und beten,
laßt sie dem Alltag entfliehen.
Macht sie gleichgültig und egoistisch,
das gibt uns Freiheit zum Handeln.

Und sie sprachen: Ja nicht am Fest!
An Werktagen kann man töten – bedenkenlos.
Dann ist nichts zu fürchten.
Wenn alles schuftet,
verschwinden Menschen unauffällig.
Besser ist es zu töten,
wenn niemand Zeit hat, nachzudenken,
wenn die Schreie der Verurteilten untergehen
im Lärm der Maschinen und Geschäfte.
Die einschneidenden Maßnahmen der Politik
dürfen nicht auffällig sein.
Laßt die Leute unwissend,
verhindert Fragen und Kritik,
Widerspruch und Solidarisierungseffekte.
Darum ja nicht am Fest!

Manfred Fischer

¹ Und als sie sich Jerusalem näherten und nach Bethphage an den Ölberg kamen, da sandte Jesus zwei Jünger ²und sagte zu ihnen: Gehet in das Dorf, das vor euch liegt, und alsbald werdet ihr eine Eselin angebunden finden und ein Füllen bei ihr; bindet sie los und führet sie zu mir! ³ Und wenn jemand etwas zu euch sagt, so sollt ihr sagen: Der Herr bedarf ihrer. Dann wird er sie alsbald freigeben. ⁴ Dies geschah aber, damit erfüllt würde, was durch den Propheten geredet worden ist, welcher spricht:
⁵ „Saget der Tochter Zion: Siehe, dein König kommt zu dir sanftmütig und reitend auf einer Eselin und auf einem Füllen, dem Jungen des Lasttiers."
⁶ Die Jünger aber gingen hin und taten, wie ihnen Jesus befohlen hatte, ⁷ führten die Eselin und das Füllen herbei und legten ihre Kleider auf sie, und er setzte sich auf sie. ⁸ Die meisten aber unter dem Volk breiteten ihre Kleider auf dem Wege aus; andre hieben Zweige von den Bäumen und streuten sie auf den Weg. ⁹ Die Volksmenge aber, die ihm voranging und nachfolgte, rief:
„Hosianna" dem Sohne Davids!
„Gepriesen sei, der da kommt
im Namen des Herrn!
Hosianna" in den Höhen!
¹⁰ Und als er in Jerusalem einzog, kam die ganze Stadt in Bewegung und sagte: Wer ist das? ¹¹ Die Volksmenge aber sagte: Das ist der Prophet Jesus aus Nazareth in Galiläa.

Matthäus 21,1–11

10.10

Da sind den Leuten plötzlich die Augen aufgegangen,
als Jesus auf einem Esel dahergeritten kommt...
Um Bequemlichkeit ging es nicht.
Um Bequemlichkeit ist es Jesus nie gegangen,
und bequem waren die Wege auch für seine Begleitung nicht.

Plötzlich sehen alle, was Jesus will.
Er will in einer Art Demonstration zeigen,
daß er der Botschafter des Friedens ist.
Zuerst sahen es nur die Jünger, als Jesus den Esel bestieg,
dann sammelten sich Freunde,
Neugierige stießen hinzu,
Pilger auf dem Weg nach Jerusalem, Kinder und Händler.
Wie ein Lauffeuer sprach es sich herum.
Lange verschüttete Hoffnung machte sich Luft.

Plötzlich verstehen die Leute,
daß der junge Esel kein Streitroß ist,
daß der Friede wichtiger ist als die Gewalt.
Sie verstehen, daß keine Gewalt Probleme lösen kann,
daß Gewalt nur immer neue Probleme geschaffen hat.
Täglich erlebten sie,
daß neue Truppen nur die Steuern in die Höhe treiben
und tödliche Demonstrationen unvermeidlich machen.
Terror und Haß blühen unter einem solchen Regime,
und die Waffen fressen den Frieden.

Eine Botschaft vom Frieden,
vom waffenverzehrenden Frieden, der Leben bringt,
will Jesus furchtlos nach Jerusalem und in alle Welt tragen.
Alle, die bisher zögerten oder nur blind nachliefen,
folgten ihm mit wachen Augen voll Hoffnung.

Aber es gibt auch andere, es gibt Pharisäer,
die den Abbruch der Demonstration verlangen,
besorgte Ordnungshüter, für die Ruhe die erste Bürgerpflicht ist.
Sie fürchten Schwierigkeiten mit dem Hohen Rat.

Sie fürchten neue Behinderungen durch die Besatzungsmacht.
Sie fürchten eine Verschärfung des politischen Kurses.
Sie fürchten am meisten den Verlust der eigenen Autorität.
Die Pharisäer fordern Jesus auf,
die Menschenmenge zur Vernunft zu bringen
und meinen damit nur, daß die Leute schweigen,
daß sie den Mund halten sollen.

Aber Jesus antwortet ihnen:
„Ihr meint, daß die Leute für euch gefährlich sind,
die ohne Furcht für den Frieden singen
und ihm Wege und Möglichkeiten bereiten.
Aber das sage ich euch, wenn diese Leute schweigen müssen
und sich nicht mehr für den Frieden einsetzen können,
dann werden die Steine schreien."

Und die Steine haben geschrieen.
Seit zweitausend Jahren
ist diese Geschichte so aktuell wie damals.
Wohl hat sich seitdem einiges verändert,
statt berittener Truppen zermahlen Panzer Felder und Wege,
und statt der Wurfschleuder zerreißen Raketen den Himmel.
Wer hat noch nicht von schreienden Steinen gehört,
wenn die Stimme des Friedens schweigt?
Wer hat noch nicht davon gelesen, wie gefährlich Leute sind,
die ohne Furcht für den Frieden
singen und reden und schreiben und handeln?

Da sind den Leuten die Augen aufgegangen,
damals beim Zug nach Jerusalem,
als Jesus auf einem Esel ritt.
Sie fingen an, ahnend zu begreifen,
daß Steine nur dann aufhören können zu schreien,
wenn die Stimme des Friedens unaufhörlich zu hören ist,

unaufhörlich.

Kurt Wolff

10.11 Der Esel

Der Esel, so hörte ich, schämt sich, daß er ihn trug.
Er schämt sich des Einzugs in Jerusalem,
weil auf das Hosianna! das Kreuzige! folgte.
Also sei, der durch das Hosianna ihn trug,
sagt er, zugleich des Kreuzige Anfang.

O, ist nicht ein Esel der Esel, da er so
kleiner Ursache wegen sich schämt, und
ich, der Mensch, der schrie, der beides
schrie: Hosianna! schrie und: Kreuzige!
schäme mich nicht?

Rudolf Otto Wiemer

10.12 Hosanna – crucifige

Er scheint tief drin zu sitzen
jener zwiespalt
der eh die massen prägt

es scheint tief drin zu sitzen daß
sie opfer sind die hochgespielten
an deren ende man sich weidet

und jene kollektive selbst-
befriedigung
beim anblick eines sündenbocks
dürfte verhindern
daß sich der innre zwiespalt
selbst-zerfleischt.

Wenn einer das
HOSANNA nicht verschmäht
muß er gewillt sein – auch
das CRUCIFIGE zu ertragen
dann muß er tun und muß auch leiden
was andere nicht wagen

muß wissen daß er brennpunkt ist
tödlicher projektionen
daß andere den zwiespalt in sich selbst
auf seinen rücken laden

und ER
– so scheint es –
wußte ...

Linus David

²⁶ Als sie aber aßen, nahm Jesus Brot, sprach das Dankgebet darüber, brach es, gab es den Jüngern und sagte: Nehmet, esset! Das ist mein Leib. ²⁷ Und er nahm den Kelch, sprach das Dankgebet darüber, gab ihnen denselben und sagte: Trinket alle daraus! ²⁸ Denn das ist mein Blut des Bundes, das für viele vergossen wird zur Vergebung der Sünden. ²⁹ Ich sage euch aber: Ich werde von jetzt an von diesem Gewächs des Weinstocks nicht trinken bis zu jenem Tage, wo ich es mit euch neu trinken werde im Reiche meines Vaters.

Matthäus 26,26–29

10.13 Ein Mahl, das verpflichtet

A
In Santiago de Llapa geht es drunter und drüber. Aber Jesús Flores zieht sich mit seinen Freunden in ein Haus zurück. In einem kleinen Raum essen sie miteinander. Jesús spürt, daß dies sein Abschiedsessen ist. Alle fühlen sich herzlich verbunden und verstehen sich. Jesús Flores sagt zu seinen Freunden: „Wir haben miteinander zum Wohl unserer Gemeinschaft gearbeitet. So soll es weitergehen. Wir müssen versuchen, daß wir alle freier werden und ein würdigeres Leben leben können. Darum ist es notwendig, daß sich jeder einzelne von euch noch mehr Mühe gibt. Arbeitet immer für eure Brüder, ohne einen persönlichen Vorteil zu suchen. Nur so zeigen wir unseren Glauben an Gott, den Vater, wenn wir die anderen wie echte Brüder behandeln."

B
Kommt, wir sprechen miteinander
Alle Tage essen wir. Aber bei manchen Anlässen gibt es ein besonderes Mahl, zum Beispiel wenn der Vater oder der Bruder weit weggeht. Habt ihr schon einmal ein solches Essen gehalten? Wie war das?

C

Es war kurz vor dem Fest, an dem man ungesäuertes Brot ißt und an dem Lämmer für das Paschamahl geschlachtet werden mußten. Als die Zeit da war, setzte sich Jesus mit den Aposteln an den Tisch. Jesus sprach zu ihnen:
„Ich habe mich sehr danach gesehnt, vor meinem Tod dieses Paschamahl mit euch zu feiern. Denn ich sage euch: Ich werde dieses Mahl erst wieder feiern, wenn es in der Welt Gottes seine wahre Bedeutung bekommen hat."
Dann nahm er Brot, dankte Gott, brach es in Stücke und gab es ihnen mit den Worten:
„Das ist mein Leib, der für euch geopfert wird. Tut das zur Erinnerung an mich." Ebenso nahm er den Becher nach dem Mahl und sagte:
„Dieser Becher ist der Neue Bund, besiegelt mit meinem Blut, das für euch vergossen wird." (nach Lukas 22,7–20)

Warum hatte Jesus so großes Verlangen danach, jenes Paschamahl zu feiern? Für die Juden war das Paschamahl ein großes Fest. Gott hatte ihnen geboten, es zu feiern.
„So sollen sie sich alle Tage ihres Lebens an den Tag erinnern, an dem sie aus dem Ägypterland wegzogen." (Deuteronomium 16,3)

Bei jenem Paschamahl wollte Jesus die neue Befreiung feiern, die er uns gebracht hatte. Am Tag darauf sollte er am Kreuz sterben; danach ist er auferstanden. So wurde der Weg zu unserer ganzen Befreiung eröffnet. Zuvor wollte Jesus mit seinen Freunden ein Fest feiern, das neue Osterfest, und uns auftragen, es später für uns zu feiern: „Tut das zur Erinnerung an mich!" Die Eucharistie ist unser Paschamahl. „Eucharistie" bedeutet Danksagung an Gott, unseren Vater.
„Jesus wußte, daß für ihn die Zeit gekommen war, diese Welt zu verlassen und zum Vater zu gehen. Er hatte die Menschen, die auf der Erde zu ihm gehörten, immer geliebt, und er liebte sie bis zum Ende." (Johannes 13,1)

Beim Paschamahl aßen die Juden das Osterlamm: Mit dem Blut des Lammes hatten sie sich vor der Strafe Gottes gerettet.
Nun ist Jesus selbst das Paschalamm: Sein am Kreuz vergossenes Blut ist unsere Erlösung.
Sie aßen ungesäuertes, einfaches Brot zur Erinnerung daran, daß ihre Vorfahren Ägypten in aller Eile verlassen mußten.
Nun ist Jesus selbst unser Brot, die Nahrung, die uns stärkt, unverzüglich den Weg unserer Befreiung zu gehen.
Die Juden gedachten ferner des Bundes, den Gott mit ihren Vorfahren auf dem Berg Sinai geschlossen hatte; der Bund war bestätigt worden. Nun wird der Neue Bund zwischen Gott und seinem Volk mit dem Blut Jesu besiegelt, der sich am Kreuz opferte.
Bei der Paschafeier erneuerten die Juden ihre Verpflichtungen Gott gegenüber: die Gebote des Gesetzes.
Jetzt spricht Jesus zu uns vom neuen Gebot, das wir zu erfüllen haben, wenn wir wollen, daß Gott uns bei unserer Befreiung hilft.

Wir gehen mit dem Herrn
„Dies ist mein Gebot: Ihr sollt einander so lieben, wie ich euch geliebt habe. Niemand liebt mehr als der, der sein Leben für seine Freunde opfert." (Johannes 15,12f.)

D
Lied
Christus gab uns
seinen Leib und sein Blut,
um uns alle zu befreien.

Er ist auch unsere Nahrung
und macht uns immer mehr zu Brüdern.

Gestärkt sind wir mit seinem Leib,
um unsere Welt zu ändern.

Vamos Caminando

10.14 Brot-Worte

Jedesmal,
so erinnern sich die Jungen und die Alten,
wenn wir zusammen das Passah-Mahl feierten,
dann spürten wir, daß wir zusammengehören,
dann hatten wir keine Angst
vor den Herren dieser Welt.

Jedesmal,
so erinnern sich die ganz Alten,
wenn wir von der Hand in den Mund lebten,
als wir durch die Wüste zogen
und das Brot vom Himmel fiel, Manna,
und aus Steinen Wasser quoll, Leben,
dann waren wir unserem Gott am nächsten.

Jedesmal,
so erinnern sich die Jünger Jesu,
wenn wir zusammen Brot brachen
und Wein dazu tranken,
dann war es so, als würden wir uns gegenseitig
das Leben geben,
dann war es so, als schenkten wir uns einem anderen.

Jedesmal,
so erinnern sie sich,
nahm der Geist Gottes von uns
die Angst voreinander und die Fremdheit untereinander.
Einer achtete auf den anderen,
daß er keine Not litte.
So aßen und tranken wir miteinander,
und Gott war mitten unter uns.
Niemand wurde ausgeschlossen.
Keiner stand abseits.

Uwe Seidel

³⁰ Und nachdem sie den Lobgesang gesungen hatten, gingen sie hinaus an den Ölberg. ³¹ Da sagt Jesus zu ihnen: Ihr werdet in dieser Nacht alle an mir Anstoß nehmen; denn es steht geschrieben:
„Ich werde den Hirten schlagen, und die Schafe der Herde werden sich zerstreuen."
³² Wenn ich aber auferweckt worden bin, werde ich euch nach Galiläa vorangehen. ³³ Da antwortete Petrus und sagte zu ihm: Wenn alle an dir Anstoß nehmen, werde ich doch niemals Anstoß nehmen. ³⁴ Jesus sprach zu ihm: Wahrlich, ich sage dir: In dieser Nacht, ehe der Hahn kräht, wirst du mich dreimal verleugnen. ³⁵ Petrus sagt zu ihm: Auch wenn ich mit dir sterben müßte, werde ich dich nicht verleugnen. Ebenso sagten auch alle [andern] Jünger.
³⁶ Da kommt Jesus mit ihnen in ein Gut, genannt Gethsemane, und sagt zu den Jüngern: Setzet euch hier, bis ich dorthin gegangen bin und gebetet habe! ³⁷ Und er nahm den Petrus und die zwei Söhne des Zebedäus mit sich und fing an, bekümmert zu werden und heftig zu zagen. ³⁸ Da sprach er zu ihnen: Meine Seele ist zu Tode bekümmert; bleibet hier und wachet mit mir! ³⁹ Und er ging ein wenig vorwärts, warf sich auf sein Angesicht nieder und betete: Mein Vater, ist es möglich, so gehe dieser Kelch an mir vorüber; doch nicht wie ich will, sondern wie du willst. ⁴⁰ Und er kommt zu den Jüngern und findet sie schlafend; und er sagt zu Petrus: So wenig vermochtet ihr, eine Stunde mit mir zu wachen? ⁴¹ Wachet und betet, daß ihr nicht in Versuchung kommt! Der Geist zwar ist willig, das Fleisch aber ist schwach. ⁴² Wiederum, zum zweitenmal, ging er hin und betete: Mein Vater, wenn dieser [Kelch] nicht an mir vorübergehen kann, ohne daß ich ihn trinke, so geschehe dein Wille! ⁴³ Und er kam und fand sie abermals schlafend; denn ihre Augen waren vom Schlaf überwältigt. ⁴⁴ Und er verließ sie, ging wieder hin, betete zum

drittenmal und sprach wiederum dasselbe Wort. [45] *Dann kommt er zu den Jüngern und sagt zu ihnen: Schlafet nur weiter und ruhet! – Siehe, die Stunde ist genaht, daß der Sohn des Menschen überliefert wird in die Hände der Sünder.* [46] *Stehet auf, lasset uns gehen! Siehe, der mich verrät, ist genaht!*

Matthäus 26,30–46

10.15 Lasciate ogni speranza, voi ch'entrate!

Laßt alle Hoffnung, ihr, die ihr eintretet! (Dante)

Nächte des Schweigens.
Stimmen hallen in endlosem Raum.
Ein Schweigen des Menschen und ein Schweigen Gottes.
Vielleicht ist dies die menschliche Stimme unserer Zeit.
Wer versteht sie?
Wie macht sie sich verständlich?
Und wenn sie redet, was sagt sie dann?
Herr, du hast diese Stunde bei deinem geliebten Vater verbracht.
Warum hast du diese Art des Lebens gewollt?
Warum hast du gebetet? Bist du nicht etwa Gott?
Um was hast du gebetet? Warum hast du deinen Freunden nicht von deinen Begegnungen in dunklen und finsteren Nächten erzählt?
Zurückgezogen auf einen schönen und wie alle Schönheit schlichten Berg,
hast du deinen Vater um Frieden und Sinngebung gebeten für deinen Auftrag,

für dein Leiden,
für deine Einsamkeit.
Manchmal, wenn ich dir begegne, treffe ich dich allein an.
Unverstanden.
Verlassen.
Mein Vater, mein Vater, warum hast du mich verlassen?
Herr, hat dein Vater dich wirklich verlassen?
Was mich angeht, bin ich allein.
In einer Welt, von der ich nicht weiß, was sie für eine Welt ist.
Vielleicht eine Welt der Ungewißheit, aber auch der Hoffnung,
dich eines Tages von Angesicht zu Angesicht zu sehen.
Wie gerne möchte ich dich sehen
und dich einfach fragen:
Was willst du von mir?
Hast du mich nicht ins Leben gerufen?
Aber warum läßt du mich dann im Stich?
Oder bin ich für deine Stimme schon taub geworden?
Stimmen des Schweigens,
Stimmen des Schmerzes,
Stimmen des Leides, in das sich deine Art,
mir voranzugehen, mischt.
Was ist das Wort deines Schweigens?
Meines – das weißt du genau –
versteh' ich selbst nicht einmal.
Nimm deinen Geist nicht von mir,
er darf sich von mir nicht entfernen.
Laß mich dich sehen!
Zeig mir dein Antlitz,
damit ich mich von deinen Armen getragen fühle
und dein Wiegenlied höre, wie ein Kind, das sich
ganz
deinen tröstenden und friedenstiftenden Armen anvertraut.

Tito de Alencar Lima

10.16

Charles B. S. Nkosi: He Endured Pain and Weakness (Er hielt Schmerz und Schwäche aus, 1976)

10.17

Er schwitzt blut
darum sagt er
wein nicht

Er wird aufgegeben
darum sagt er
gib nicht auf

Er wird verkauft
darum sagt er
rechne nicht aus

Er wird verurteilt
für seine sache den himmel
darum sagt er
sieh hin die erde

Er fürchtet sich
vor gestern vor heute vor mir vor denen
darum sagt er
fürchte dich nicht

Dorothee Sölle

⁴⁷ Und während er noch redete, siehe, da kam Judas, einer der Zwölf, und mit ihm eine große Schar mit Schwertern und Stöcken von den Hohenpriestern und Ältesten des Volkes her. ⁴⁸ Der aber, der ihn verraten wollte, hatte ihnen ein Zeichen angegeben und gesagt: Der, den ich küssen werde, der ist's, nehmet ihn fest! ⁴⁹ Und alsbald trat er auf Jesus zu und sagte: Sei gegrüßt, Rabbi! und küßte ihn. ⁵⁰ Jesus aber sprach zu ihm: Freund, wozu bist du hier? Da traten sie hinzu, legten Hand an Jesus und nahmen ihn fest.

...

⁶⁹ Petrus aber saß draußen im Hof. Und eine Magd trat zu ihm und sagte: Auch du warst mit Jesus dem Galiläer. ⁷⁰ Er leugnete jedoch vor allen und sagte: Ich weiß nicht, was du meinst. ⁷¹ Als er aber in den Vorhof hinausgegangen war, sah ihn eine andre und sagte zu denen, die dort waren: Dieser war mit Jesus dem Nazoräer. ⁷² Und wiederum leugnete er mit einem Schwur: Ich kenne den Menschen nicht. ⁷³ Bald nachher aber traten die Umstehenden herzu und sagten zu Petrus: Wahrhaftig, auch du bist einer von ihnen; denn deine Sprache verrät dich. ⁷⁴ Darauf fing er an zu fluchen und zu schwören: Ich kenne den Menschen nicht. Und alsbald krähte der Hahn. ⁷⁵ Da erinnerte sich Petrus des Wortes Jesu, der gesagt hatte: Ehe der Hahn kräht, wirst du mich dreimal verleugnen. Und er ging hinaus und weinte bitterlich.

Matthäus 26,47–50; 69–75

10.18

Und da kam Judas,
zweimal Judas,
hundertmal Judas,
viele Scharen
mit Schwertern und Stangen,
mit Messern und Maschinenpistolen.
Sie kamen von Hohenpriestern,
von Ministerien, Geheimdiensten
und Polizeibehörden.
Sie kamen scharf bewaffnet
und mit guten Ortskenntnissen.
Sie kamen schlecht informiert
und aufgehetzt
und stiegen hinauf in den 14. Stock
und läuteten um 4 Uhr in der Frühe
und schossen gleich, als sich etwas bewegte.
Sie drangen ein ins Lokal,
wiesen sich nicht aus,
sie trugen Ketten und Schlagringe.
Sie kamen, ohne nachzudenken,
sie tauchten auf in dunklen Gassen,
auf Befehl oder willkürlich nach Laune.
Ihre Spuren verloren sich,
Zeugen gab es nicht lange.
Nächtliche Rollkommandos im Einsatz
mit geschickten Vereinbarungen:
Den ich anremple,
dem legt die Handschellen an.
Dem ich eine Zigarette anbiete,
den knallt ab.
Den ich küssen werde,
den greift – der ist es.

So werden die Opfer markiert,
so werden sie ausgesondert.
Selektion – der erste Schritt zum Mord.
Und so traten sie hinzu
und legten die Hände an den,
der heimlich verschwinden sollte.
Sie legten ihre Zurückhaltung ab und ihre Skrupel
und packten zu, brutal.
Sie legten Ketten an und Stricke.
Sie legten sich an mit dem Gefangenen
und traten nach ihm.
Sie legten die Gewehre an,
und dann legten sie die Hände an die Hosennaht
und schrien: Befehl ausgeführt!
Die Befehlshaber aber überlegten
und erklärten den Verhafteten zum Unruhestifter –
nachträglich.

Manfred Fischer

10.19

Jesus fragte Judas, warum er gekommen sei,
worauf er noch warte, er habe doch sein Ziel erreicht,
er, Jesus, stehe jetzt zur Verfügung.
Daß mir der Atem stockte, können Sie sich denken.
Aber Judas bekam keine Zeit mehr zur Antwort.
Er hatte mit dem Kuß das Zeichen zum Handeln gegeben.
Die Soldaten trennten ihn brutal von Jesus,
seine Aufgabe war beendet.
Er wurde nicht mehr gebraucht.
Die Tempelpolizisten nahmen die Verhaftung vor
und waren froh, daß sie ein so leichtes Spiel hatten.

Ich aber dachte, was Judas wohl geantwortet hätte,
wenn ihm noch Zeit geblieben wäre.
Vielleicht hätte er gesagt: „Von Verrat kann keine Rede sein.
Ich bin nur gekommen, weil ich an dich glaube
und an deine Sendung als Erlöser des Volkes.
Hundertmal hast du deine wunderbare Macht gezeigt.
Du kannst aus fast nichts Brot für die Welt machen,
Stürme und Katastrophen gehorchen dir aufs Wort,
Krankheiten verlieren ihre Schrecken.
Jetzt kannst du zeigen, daß dir alle Gewalt gegeben ist.
Sprich ein Wort, stell dich an die Spitze der Soldaten,
gib der Tempelpolizei Befehle
und zieh mit uns noch einmal nach Jerusalem.
Zeige allem Volk, daß du der Herr bist,
der die Großmacht der Völker richten wird,
dem Gewalt gegeben ist im Himmel und auf Erden,
der die Welt verändern wird.
Du hast anderen geholfen,
jetzt hilf dir selbst und uns, deinen Freunden,
damit wir gemeinsam Gottes neue Welt bauen können."

Meinen Sie nicht auch, daß Judas
eine vernünftige politische Lösung suchte?

Kurt Wolff

10.20

Otto Dix: Die Verleugnung des Petrus (1960)

10.21 Konjugation durch alle Zeiten

Ich hatte dich nicht verraten.
Ich habe dich nicht verraten.
Ich verriet dich nicht.
Ich verrate dich nicht.
Ich werde dich nicht verraten.
Ich werde dich nicht verraten haben.

Kikeriki...

Jürgen Rennert

10.22 Was dich verrät

Du bist auch einer von denen,
die zu Jesus gehören.
Deine Sprache verrät dich,
dein Lächeln,
die Leichtigkeit, mit der du
Undenkbares denkst,
Unsagbares sagst und
Ungewöhnliches tust.

Aber auch die
seltsame Manie, dich einzusetzen,
andern zu helfen.
Deine Wahrheitsliebe,
deine spürbare Unruhe,
wenn einer in Not ist,
dein Hunger und Durst
nach Gerechtigkeit.

Dieses unerklärliche Vertrauen,
das dich trägt, der Friede,
der von dir ausgeht.
Wie wenn du etwas siehst,
was wir gewöhnlichen Sterblichen
nicht sehen,
ach, nicht einmal ahnen.

Lothar Zenetti

⁵³ Und sie führten Jesus ab zum Hohenpriester; und alle Hohenpriester und Ältesten und Schriftgelehrten kamen zusammen. ⁵⁴ Und Petrus folgte ihm von ferne bis hinein in den Palast des Hohenpriesters; und er saß bei den Dienern und wärmte sich am Feuer.

⁵⁵ Die Hohenpriester aber und der ganze Rat suchten Zeugnis wider Jesus, um ihn zum Tode zu bringen, und sie fanden keins. ⁵⁶ Denn viele redeten falsches Zeugnis wider ihn, und die Zeugnisse waren nicht gleich. ⁵⁷ Und etliche traten auf und redeten falsches Zeugnis wider ihn, indem sie aussagten: ⁵⁸ Wir haben ihn sagen hören: Ich werde diesen mit Händen gemachten Tempel zerstören und nach drei Tagen einen andern aufbauen, der nicht mit Händen gemacht ist. ⁵⁹ Und auch so war ihr Zeugnis nicht gleich. ⁶⁰ Da stand der Hohepriester auf, trat in die Mitte und fragte Jesus: Antwortest du nichts auf das, was diese wider dich zeugen? ⁶¹ Er aber schwieg und antwortete nichts. Wiederum fragte ihn der Hohepriester und sagte zu ihm: Bist du der Christus, der Sohn des Hochgelobten? ⁶² Jesus aber sprach: Ich bin's; und ihr werdet den Sohn des Menschen sitzen sehen zur Rechten der Macht und kommen mit den Wolken des Himmels. ⁶³ Da zerreißt der Hohepriester seine Kleider und sagt: Was bedürfen wir weiter Zeugen? ⁶⁴ Ihr habt die Lästerung gehört. Was meint ihr? Sie alle aber sprachen das Urteil über ihn, er sei des Todes schuldig.

Markus 14,53–64

²⁸ Sie führten nun Jesus von Kajaphas weg in die Burg; es war aber am Morgen. Und sie selbst gingen nicht in die Burg hinein, damit sie nicht unrein würden, sondern das Passa essen könnten. ²⁹ Da kam Pilatus zu ihnen heraus und sagte: Was für eine Anklage bringt ihr gegen diesen Menschen vor? ³⁰ Sie antworteten und sagten zu ihm: Wenn dieser nicht ein Verbrecher wäre, hätten wir ihn dir nicht überliefert. ³¹ Darauf sagte Pilatus zu ihnen: Nehmet ihr ihn und richtet ihn nach eurem Gesetz! Die Juden sagten zu ihm: Uns ist es nicht erlaubt, jemand zu töten – ³² damit das Wort Jesu erfüllt würde, das er gesprochen hatte, um anzudeuten, welches Todes er sterben würde.

³³ Pilatus ging nun wieder in die Burg hinein, ließ Jesus rufen und sagte zu ihm: Bist du der König der Juden? ³⁴ Jesus antwortete: Sagst du das von dir aus, oder haben es dir andre über mich gesagt? ³⁵ Pilatus erwiderte: Bin ich etwa ein Jude? Dein Volk und die Hohenpriester haben dich mir überliefert? Was hast du getan? ³⁶ Jesus antwortete: Mein Reich ist nicht von dieser Welt. Wäre mein Reich von dieser Welt, so würden meine Diener kämpfen, damit ich den Juden nicht überliefert werde; nun aber ist mein Reich nicht von hier. ³⁷ Pilatus sagte nun zu ihm: Also bist du ein König? Jesus antwortete: [Ja,] du sagst es, daß ich ein König bin. Ich bin dazu geboren und dazu in die Welt gekommen, daß ich für die Wahrheit zeuge. Jeder, der aus der Wahrheit ist, hört meine Stimme. ³⁸ Pilatus sagt zu ihm: Was ist Wahrheit?

Und nach diesen Worten ging er wieder zu den Juden hinaus und sagte zu ihnen: Ich finde keine Schuld an ihm. ³⁹ Es besteht aber ein Brauch bei euch, daß ich euch am Passafest einen freilasse; wollt ihr nun, daß ich euch den König der Juden freilasse? ⁴⁰ Da schrieen sie wiederum: Nicht diesen, sondern Barabbas! Barabbas aber war ein Räuber.

Johannes 18,28–40

10.23

    Es gilt dies als größe
    daß er nichts sagte
    als sie ihn fesselten
    als sie ihn hereinstießen
    als sie ihm ins gesicht leuchteten
    als sie ihn fragten
    als sie über ihn berichteten

    als sie über ihn logen
    als sie über seinen vater logen
    als sie über seine mutter logen
    als sie über seine brüder logen
    als sie über seine schwestern logen

    als sie über seine absichten logen
    daß er nichts sagte
    es gilt als größe
    ich weiß nicht

    Wenn sie über ihn lügen
    möchte ich schreien

                                   Dorothee Sölle

10.24

Max Beckmann: Christus und Pilatus (1946)

10.25

da gab er ihnen barabbas frei
und pilatus hatte ruhe
er der leiter des TÜV
des technischen überwachungsvereins
er hatte dafür zu sorgen
daß alles lief

so ein TÜVbeamter
hat nur eines im auge
eines im kopf
daß alles läuft
daß alles glatt abläuft
daß nichts besonderes vorkommt
das ist seine wahrheit
keine störungen im verkehr

wer *im* wagen sitzt
die person
ob die liebeskummer hat
ob die mordabsichten hat
ob die krebsverdächtig ist
ob die unrecht leidet
ob die überhaupt an dieser welt
wie sie ist leidet
das ist nicht im bereich des TÜVbeamten
das ist nicht sein reich
das ist ein reich
das überläßt er anderen

nun wenn er das noch täte
wär noch halbwegs alles gut

aber er sieht nur daß alles läuft
alles läuft
das ist schlimm

wenn wirklich nur alles läuft
alles läuft
alles läuft
dann werden die menschen überfahren

die wirtschaft muß laufen sagt man
der betrieb muß laufen sagt man
im staat muß alles laufen sagt man
selbst in der kirche

wo das andere reich
eigentlich sich ausbreiten müßte
auch da bekommt man zu hören
der betrieb muß laufen
wo kommen wir hin
wenn man sich da um jeden einzelnen
kümmert

da fängt es an das übel
wo das reich das jesus meint aufhört
wenn man so die bereiche trennt
hier TÜV
da der mensch
hier die wirtschaft
da die person des menschen
dann hat man nachher
wirklich tausenderlei wahrheiten
eine wahrheit
für den bauern
und eine für den bäcker
eine für den mieter
und eine für den hausbesitzer

eine für die reichen
und eine für die armen

dann kann man auch
so raffiniert fragen
was ist wahrheit
da kann man sich
die wahrheit aussuchen
die einem paßt
ja was ist wahrheit
ich bin ja so schlau
und so erfahren
daß ich gar nicht mehr weiß
was wahrheit ist
das ist ja so . . . kompliziert

in einem solchen system
kann der mensch nicht
gedeihen

Wilhelm Willms

10.26 Plebejisches Plädoyer für einen Unparteiischen

Ich meine, wir sollten mal ehrlich und froh sein, daß die Sache so lief, wie sie schließlich gelaufen ist. Angenommen, Pilatus hätte sich noch länger quergestellt und nicht endlich kapiert, daß die Sache für ihn in seiner Stellvertreterfunktion eine Nummer zu groß war – na, ich möchte mal wissen, was dann gewesen wäre mit uns und unsrer Erlösung?! Nichts, reineweg gar nichts. Einer macht immer den Dummen in so einer verzwickten Geschichte.

Bloß schade, daß Christus später dann weg war. Der hätte, im Unterschied zu seinen vergeßlichen Leuten, Pilatus vor dem Schlimmsten bewahrt: ihrer üblen Nachrede, ihrem mörderischen Haß, dem Dank dafür, daß er's ihnen damals einfach nur recht zu machen versuchte.

Jürgen Rennert

10.27 Unterfragt

„Was ist Wahrheit?"
fragte Pilatus,
und Jesus schwieg,
denn Erkenntnistheorie
und Kategorialanalyse
waren tief
unter seinem Niveau.

Theodor Weißenborn

²² Als er aber dies gesprochen hatte, gab einer der Diener, der dabeistand, Jesus einen Schlag ins Gesicht und sagte: Antwortest du so dem Hohenpriester?

¹ Darauf nahm Pilatus Jesus und ließ ihn geißeln. ² Und die Soldaten flochten aus Dornen eine Krone, legten sie ihm aufs Haupt, warfen ihm einen Purpurmantel um, ³ gingen auf ihn zu und sagten: Heil dir, König der Juden! und gaben ihm Schläge ins Gesicht. ⁴ Da kam Pilatus wieder heraus und sagte zu ihnen: Siehe, ich führe ihn euch heraus, damit ihr erkennt, daß ich keine Schuld an ihm finde. ⁵ Jesus kam nun heraus, die Dornenkrone und den Purpurmantel tragend. Und er sagt zu ihnen: Da seht den Menschen!

Johannes 18,22; 19,1–5

10.28 Bericht aus argentinien

D sagt mir
es ist eine regel im untergrund
daß du zwei tage schweigst unter der folter
das gibt den genossen zeit
zwei tage heißt frage ich auch zwei nächte
ja sagt sie sie arbeiten schicht

O gott sag ich wenn ich allein bin
falls du der erinnerung fähig bist
geh zu denen unter der folter
für zwei tage und zwei nächte
mach sie stark
und erbarm dich derer
die früher sprechen

O jesus sag ich wenn wir zusammen sind
du warst donnerstag und freitag unter der folter
du hast keinen namen preisgegeben
du bist lieber gestorben

Du hast die großtechnologie des großgottes
nicht angewandt
sonst wären
alle unsere namen verraten
und macht noch immer allmacht
technologie noch immer alltechnologie

D sagt mir
es ist eine regel im untergrund
daß du zwei tage schweigst unter der folter
und was tun wir frage ich mich
zwei tage und zwei nächte
in gethsemane
und was
tun wir

Dorothee Sölle

10.29

Ich will eine Zeichnung machen,
die einen Menschen zeigt,
der das Leid der Welt sieht.
Kann das
nicht nur Jesus sein?

Käthe Kollwitz

10.30

Otto Dix: Die Verspottung (1960)

10.31 Hilf dir selbst

Frau: Wann kommst du heim?
Mann (kauend): Weiß nicht.
Frau: Da ist noch Brot. Wie lang hast du Dienst heute?
Mann: Kann spät werden. Viel los immer vor dem Fest.
Frau: Kannst du nicht sagen, wann du kommst?
Mann (verneinend): Mm.
(Stille)
Frau: Du, ist es wahr, daß Rufus Unterhauptmann wird?
Mann: Woher weißt du das?
Frau: Seine Frau hat es erzählt, aber bei der weiß man nie, was wahr ist...
Mann: Doch, es ist wahr.
Frau: Aber er ist doch noch gar nicht so lange bei der Tempelwache wie du.
Mann (schweigt)
Frau: Eigentlich bist du doch an der Reihe gewesen, oder nicht?
Mann: Die sollen befördern, wen sie wollen. Wird Rufus befördert – gut. Mir soll's recht sein. Mich geht das nichts an.
Frau: Gerecht ist das nicht. Du bist viel länger dabei. Sie sagt, er kriegt dann fünf Silberstücke mehr, ist das wahr?
Mann: Wird schon stimmen.
Frau (träumerisch): Fünf Silberstücke mehr... Wenn wir das hätten... Ich könnte ganz anders kochen für dich. Und anders anziehen könnten wir uns. Und neue Decken könnten wir uns kaufen für die Nacht. Und –
Mann: Und – und – hör auf damit! Wir haben es nicht!
(Stille)
Frau: Du könntest genau so gut Unterhauptmann sein wie Rufus. Was der kann, kannst du noch lange.
Mann: Hör auf damit. Ich mag nichts davon hören. Ich mach meinen Dienst, und damit Schluß.
Frau: Weißt du, wahrscheinlich hat nur noch niemand gemerkt, wie gut du alles machst, und daß man sich auf dich verlassen

kann, und daß du dich auskennst mit allem. Du müßtest vielleicht einem von den Herren einmal besonders auffallen, meinst du nicht?
Mann: Ach was, dummes Zeug. Ich tu, was befohlen wird.
Frau: Kannst du nicht mal was Besonderes tun, wenn es sich gerade gibt und wenn einer von den ganz Hohen dabei ist... Denk doch, fünf Silberstücke mehr, das wär' doch was, dafür kann man sich doch ein bißchen anstrengen, und ich stände doch gleich ganz anders da vor den anderen Frauen... *(schmeichelnd)* Mir zuliebe, hm?
Mann (unsicher): Ich weiß nicht, wie – was du dir da denkst, was ich da machen soll... Ich tu, was befohlen wird.
Frau: Wenn du einfach mal was tust, was nicht befohlen wird, was den Herren aber gefällt, daß sie denken: Ist das einmal ein eifriger Mann... Solche Gelegenheiten gibt es doch. Denk doch, wir könnten ganz anders leben. Es ist nicht genug, weißt du, wenn man bloß tut, was man tun muß. Manchmal muß man ein bißchen mehr tun. Dem Glück muß man nachhelfen. Hilf dir selbst, so hilft dir Gott, heißt es.
Mann: Ich weiß nicht. – Ich will sehen, was sich machen läßt...

Der Oberste Priester fragte Jesus nach seinen Jüngern und nach seiner Lehre.
Jesus antwortete: „Ich habe immer offen vor aller Welt gesprochen. Ich habe im Tempel und in den Synagogen gelehrt, wo sich alle Juden treffen, und habe niemals etwas im geheimen gesagt. Warum fragst du mich? Frag doch die Leute, die meine Worte gehört haben! Sie wissen es."
Als Jesus das gesagt hatte, schlug ihm einer von den Wächtern ins Gesicht und sagte: „Wie kannst du es wagen, so mit dem Obersten Priester zu sprechen?"
(Johannes 18,19–22)

Ulrich Fick

10.32

Paul Klee: Versuch einer Verspottung (1940)

10.33 Gebet der Mutter eines Entführten

Jesus, Herr und unser Bruder: Du kennst mich besser als ich selber, und meine Betroffenheit ist dir ebenfalls bekannt. Dennoch will ich heute mit dir reden: ich hab' einfach das Bedürfnis. Mit den Menschen hab' ich schon so viel gesprochen. Jetzt möchte ich einfach mit dir reden, denn du bist mein Gott.
Ich bin sicher, daß deine Leiden auch meine Leiden sind. Ich bin sicher, daß die drei Nägel der Gleichgültigkeit, der Lüge und der Angst, die mich wie unzählige argentinische Mütter an das Kreuz nageln, die drei Nägel sind, die deine Hände und deine Füße immer aufs Neue durchbohren.
Ich will trotzdem mit dir sprechen: was ich dir erzähle, weißt du schon, aber ich will es wiederholen. Ich will dir sagen, daß ich öfters, besonders wenn das Kreuz der Verzweiflung mich bedrückte, dachte: „Mein Gott, warum hast du mich verlassen?"
Ich will dir sagen, daß an jenem Morgen, als ich ihre Aktion im ganzen Wohnviertel hörte, als sie an die Tür klopften, als ich sie einbrechen sah, mit ihren verhüllten Gesichtern, ihrer Brutalität und ihren Waffen, ich in meinem bedrängten Herzen geschrien habe: „Vater, wenn es möglich ist, nimm weg von mir diesen Kelch."
Ich will dir erzählen, daß ich in jener Nacht, als mein Sohn nicht heimkehrte, in jener Nacht, als man mir die Nachricht davon überbrachte, zur Einsicht kam, daß der Ölberg diesmal das Büro, die Fabrik, die Fakultät oder auch das Haus seines Freundes ist. Als ich ahnte, daß nun der Kreuzweg beginnen würde, stieg in mir ganz leise und voller Vertrauen, ich weiß nicht, warum, das Gebet auf: „Herr, dein Wille geschehe." Ich will dir sagen, Herr, daß an jenem furchtbaren Tag, als es in meinem Herzen schon Nacht wurde, es „um die neunte Stunde war", ich verstehen konnte, warum Petrus und Johannes, Jakobus und Andreas die Flucht ergriffen, nicht aus Angst vor dem Gericht, sondern weil es kein Gericht geben oder dieses abscheulich ungerecht enden würde.

Ich will dir erzählen, warum ich in schlaflosen Nächten daran gedacht habe, wie deine Mutter deine Verhaftung, deine Verurteilung, deinen Tod, dein Golgatha miterlebt hat. Und ich dachte mir, daß auch sie sicherlich irgend wohin rannte und irgend einen Bekannten aufsuchte, um durch ihn eine Nachricht zu erhalten. Ich dachte, daß auch sie, vielleicht zusammen mit den Müttern der beiden anderen Gekreuzigten, oft den Rundgang um die Pyramide des Platzes von Jerusalem gemacht hat und daß sie dabei vor Augen hatte, daß dort vorne, im Palast des Pilatus, ihr Sohn ungerechterweise verurteilt wurde und daß die da drin sich noch „die Hände waschen" würden, ohne zu ahnen, daß die Geschichte aller Zeiten sie durch die Lippen aller Gläubigen zur Rechenschaft ziehen wird.

Wie oft, o Herr, wird deine Mutter sogar noch weiter vorgedrungen sein, bis zum Kommando der Palastwache, wo man dich verspottete und folterte aufgrund der falschen Anschuldigung „das Volk aufgewiegelt zu haben". Ein in Pracht gekleideter Offizier wird ihr dann mitgeteilt haben, man wisse nichts über diesen Fall, während man in den Hinterhöfen auf dich spuckte und dich mit Dornen krönte.

In Gedanken begleitete ich deine Mutter, als sie vom Leid gequält sich in den Tempel von Jerusalem begeben wollte und jemand ihr die Tür versperrte; wobei der rücksichtslose Pförtner vergessen hatte, daß sie die Mutter jenes Menschen war, der vor diesen Toren oft seinen Glauben bezeugt hatte.

Ich frage mich oft, ob es nicht das schmerzlichste Leiden unter den vielen Ungerechtigkeiten war, die deine Mutter erleiden mußte, als sie zusammen mit anderen Frauen zum Palast des Kaiphas, des damaligen Hohenpriesters, ging und dort lediglich sinnlose Erklärungen und großartige Ausreden zu hören bekam, wo doch Kaiphas und alle anderen aus diesem Hause die Heilige Schrift sehr gut kannten und mit Beredsamkeit erklären konnten.

Ich will dir heute sagen, Herr, daß Tausende von Müttern einen ähnlichen Kreuzweg gehen müssen. Ich weiß, daß du das weißt; ich wollte es nur wiederholen. Obwohl dieser Kreuzweg sehr grausam ist, haben wir die Zuversicht, daß er enden wird wie deiner. Dieser Weg zieht sich schon unendlich lange hin, aber unsere Hoffnung ist noch ausdauernder. Das Leid, das wir zu tragen haben, ist unermeßlich, aber du weißt, o Herr, daß die Liebe, die uns beseelt, viel größer ist. Deine Mutter und andere Frauen sind mitgegangen bis hinauf zum Kalvarienberg. Die Soldaten ließen sie nicht in deine Nähe kommen. Deine Mutter konnte dich vielleicht nicht einmal sehen, aber sie ging doch deinetwegen mit. Deswegen bitte ich dich heute abermals, o Herr, laß nicht zu, daß wir aufhören, uns für unsere Kinder einzusetzen. Denn es wird der Zeitpunkt kommen, in dem wir, wie einst Veronika, auf dem Weg zu unsern Kindern, die Reihen der Soldaten sprengen und das Antlitz unserer Lieben trocknen werden.

Herr, ich will heute auch Mut fassen, dir noch folgendes mitzuteilen: Allzu häufig sind wir belogen worden. Aber ich will die Wahrheit nicht scheuen: sollte mein Sohn nicht mehr am Leben sein, so schenke du mir die Gnade, am Kreuz seines Grabes ohne Haß weinen zu dürfen, wie deine Mutter am Fuß deines Kreuzes weinen durfte. Ich bitte dich aber auch, o Herr, daß du uns, den Müttern, so vielen wie nur möglich, das Glück schenkst, wie Maria, deine Mutter, die deine Auferstehung erleben durfte, auch unsere Kinder wieder umarmen zu können, wenn die „Verhafteten/Verschwundenen" wieder lebend auftauchen. Denn es wird eine echte Auferstehung sein, weil sie von dem Tod ins Leben zurückkehren.

Herr Jesus, ich wollte, ich mußte dir heute das alles sagen. Du wußtest alles schon, ich wollte es dir nur wieder sagen, um selber mehr Kraft zu haben für meinen Weg.

Zum Schluß will ich dir auch noch sagen, o Herr, obwohl du das auch schon weißt, daß wir für unsere Kinder diesen Weg weitergehen werden, bis wir das Kreuz überwinden und uns der Auferstehung, der Frucht der Wahrheit, der Gerechtigkeit und der Liebe erfreuen dürfen. Amen.

Argentinien

⁴⁶ *Um die neunte Stunde aber schrie Jesus laut auf: „Eli, Eli, lama sabachthani?" (das heißt: Mein Gott, mein Gott, warum hast du mich verlassen?)* Matthäus 27,46

¹ *Ein Psalm Davids.*
² *Mein Gott, mein Gott,*
    warum hast du mich verlassen,
bleibst ferne meiner Rettung
und den Worten meiner Klage?
³ *Mein Gott, ich rufe bei Tage,*
    und du antwortest nicht
    des Nachts, und finde nicht Ruhe.
⁴ *Und doch bist du der Heilige,*
der thront über den Lobgesängen Israels.
⁵ *Auf dich vertrauten unsre Väter;*
sie vertrauten, und du halfest ihnen.
⁶ *Zu dir schrieen sie*
    und wurden errettet;
auf dich vertrauten sie
    und wurden nicht zuschanden.
⁷ *Ich aber bin ein Wurm*
    und kein Mensch,
ein Spott der Leute
    und verachtet vom Volke.
⁸ *Alle, die mich sehen, spotten meiner,*
verziehen die Lippen
    und schütteln den Kopf:
⁹ *„Er warf's auf den Herrn,*
    der möge ihm helfen;
er rette ihn, denn er hat ja Gefallen
    an ihm."
¹⁰ *Ja, du bist's, der mich zog*
aus dem Mutterschoß,
mich sicher barg
    an meiner Mutter Brust.

¹¹ *Auf dich ward ich geworfen*
  aus Mutterschoß,
 von Mutterleib an bist du mein Gott.
¹² *Sei nicht ferne von mir,*
  denn Not ist nahe;
 niemand ist, der helfe.
¹³ *Mich umgeben mächtige Stiere,*
 Büffel von Basan umringen mich.
¹⁴ *Sie sperren den Rachen*
  wider mich auf
 wie ein reißender, brüllender Löwe.
¹⁵ *Wie Wasser bin ich hingeschüttet,*
 es lösen sich all meine Gebeine;
 mein Herz ist gleich
  dem Wachs geworden,
 zerflossen in meiner Brust.
¹⁶ *Trocken wie Scherben ist mein Gaumen,*
 und meine Zunge klebt an meinem Schlund;
 in den Staub des Todes legst du mich.
¹⁷ *Denn Hunde lagern rings um mich,*
 und mich umkreist
  die Rotte der Übeltäter;
 sie durchbohren mir Hände und Füße.
¹⁸ *Ich kann all meine Gebeine zählen;*
 sie aber schauen her,
  sehen ihre Lust an mir.
¹⁹ *Sie teilen meine Kleider unter sich*
 und werfen das Los um mein Gewand.
²⁰ *Aber du, Herr, sei nicht ferne!*
 Du meine Stärke, eile, mir zu helfen!
 . . .
²³ *Verkünden will ich deinen Namen*
  meinen Brüdern,
 inmitten der Gemeinde will ich dich preisen.

Psalm 22,1–20.23

10.34 am holz

    der sich
    ganz auf gott
    verließ
       hängt am holz
       von gott
       verlassen

    der
    die gnade
    ist
       schreit im Schmerz
       der gnaden-
       los

    der
    für liebe
    stritt
       stirbt
       von haß
       durchbohrt

Kurt Marti

10.35 Seht, welch ein Gott!

Hoch oben hängt Er –
und unter Ihm: die Pharisäer
und die Schriftgelehrten.
Sie wußten,
wie es kommen mußte.
Sie waren sich
der Sache sicher:
Gott verläßt sie nicht.
Auch diesmal nicht.
Nur der da droben
wird bald schreien:
„Mein Gott, mein Gott,
warum hast du
mich verlassen,
Du!"

Seit diesem Schrei
des Gottessohnes
ist das „Warum" zum Gebet geworden.
Seitdem hat der Schrei „Warum"
seinen Platz in Gott gefunden.

Martin Gutl

10.36 psalm 22

es gibt keine zeichen mehr von dir
im himmel im holz in den stirnen
keine schönen geschichten die wir glauben
in denen du engel schickst und sintfluten
flammende schwerter plagen posaunen
wo du mit leuten redest im traum
und der riese goliath fällt auf die stirn
und daniel kommt heil aus der gaskammer

man sagt du seist weg
du kümmerst dich nicht mehr um uns
du hast deinen sohn ans kreuz geschlagen
eine kirche gegründet
seitdem bist du weg und
wir brauchen dich nicht
keiner ruft dich
wer dich ruft erwartet nicht daß du ihn hörst
keiner ruft leise genug
keiner klopft an und wird aufgetan

es gibt weder himmel noch hölle
die türe ist offen

Ernst Eggimann

10.37

Mein Gott, mein Gott,
warum hast du mich verlassen.

Ich klage und rufe zu dir,
und wir verhungern doch.
Ich bitte und bettele,
und wir haben doch nichts zu essen.

Mein Gott, den ganzen Tag
sehne ich mich nach einer Hand,
die sich mir entgegenstreckt,
und nachts träume ich von
einer Stunde ohne Hunger.

Mein Gott, auf dich vertrauen Millionen Menschen.
Sie vertrauen dir, und du hast ihnen geholfen,
schon seit Jahrhunderten.
Warum helfen sie nicht weiter.
Du hast sie nicht verlassen.
Warum verlassen sie uns!

Mein Gott, hilf ihnen, uns zu helfen;
sonst werden sie zum Spott der Leute
und verachtet von der Welt.
Sie haben sich auf dich verlassen.
Sie haben ihre Verantwortung auf ihren Herrn abgeschoben.
Und nun sind sie ihre Verantwortung los.

Mein Gott, gib ihnen ihre Verantwortung wieder zurück.
Weck die Schlafenden;
denn die Wachen schreien vor Hunger.

Uwe Seidel

10.38

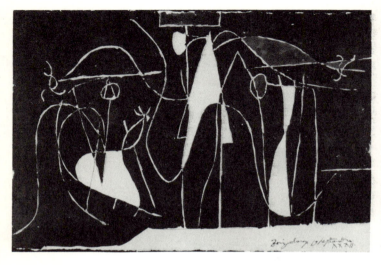

Pablo Picasso, Kreuzigung nach Grünewald (1932)

10.39 Psalm 22

Mein Gott, mein Gott, warum hast du mich verlassen?
Mit deinen eigenen Worten, Herr, rufe ich dich an,
denn du allein verstehst mich wirklich und fühlst mit mir.
Du allein weißt, was es heißt,
wenn man verachtet und unterdrückt ist.

Ich bin ein Spott der Leute;
die alle Vorrechte im Lande genießen, verachten mich.
Es ekelt sie an, mich auf den Straßen ihrer Städte zu sehen.
In den Zeitungen wird absichtlich einseitig von mir berichtet.

In den Zeitungskommentaren kennt man mich nur
als Dieb, Mörder, Räuber und Faulenzer.

Mit Paßgesetzen haben sie mich umgeben,
mit harten Vorschriften mich umringt,
in ihren Augen bin ich nichts als ein „Ding",
das man willkürlich verschieben
und beliebig mißhandeln kann.
Auf meine Stimme, meine Sehnsüchte, meine Gefühle
gibt keiner acht.

Herr, mein Gott, ich rufe zu dir, nicht nur am Sonntag,
auch nicht zu bestimmten Stunden,
mein Gebet ist ein nicht endender Notschrei
Tag und Nacht.
Meine Zunge klebt mir am Gaumen.
Auf dich warte ich; eile, mich zu befreien.

In der glühenden Sonne, vor dem Paßamt,
stehe ich mit meinen Leidensgenossen den ganzen Tag.
Wir werden von einem Amt zum anderen geschickt,
und auf dem Weg zwischen den Ämtern
werde ich als Herumtreiber festgenommen.
Zu dir schreie ich um Hilfe, eile doch, mich zu befreien!

In den Heimatländern, in den Blechhütten, diesen Brutkä-
    sten,
die sie im Radio und in den Zeitungen
„freundliche Altenwohnungen" nennen,
sitze ich unversorgt, verwahrlost,
und meine Heimat ist weit.
Auf dich warte ich, eile doch, mich zu erlösen!

Ich ersticke im Staub ihrer Kontore,
denn mein ganzes Leben muß ich nichts als fegen
und Staub putzen.

Meine Zeugnisse sind in ihren Augen nicht mehr wert
als naßgeregnetes Zeitungspapier.
Mich quält die Frage: Was ist der Sinn meines Lebens?
Auf dich warte ich, eile doch, mich zu erlösen!

Mit meiner alten Decke und meinem zerschlissenen Koffer
stehe ich auf dem Bahnhof,
ausgesetzt dem Regen und der Kälte.
Vor dem kleinen Fenster am Fahrkartenschalter
stehe ich zitternd:
Werde ich je eine Fahrkarte bekommen?
Auf dich warte ich, eile doch, mich zu befreien!

Aber in dem allen werde ich nicht aufhören,
von dir zu sprechen!
Ich will dich in unsern Gemeinden rühmen,
denn du hast die Leidenden nicht verachtet.
Du wendest dich nicht stillschweigend ab.
Du offenbarst dich als Erlöser aller Menschen.
Der Tag wird anbrechen, da aller Welt Enden
deine Gerechtigkeit sehen und schmecken werden!
Denn dein ist das Reich und die Kraft
und die Herrlichkeit in Ewigkeit.
Auch in diesem Land.

Zephanja Kameeta

10.40

Mein Gott, mein Gott – warum hast Du mich verlassen?
Ich bin zur Karikatur geworden,
das Volk verachtet mich.
Man spottet über mich in allen Zeitungen.

Panzerwagen umgeben mich,
Maschinengewehre zielen auf mich,
elektrisch geladener Stacheldraht schließt mich ein.
Jeden Tag werde ich aufgerufen,
man hat mir eine Nummer eingebrannt
und mich hinter Drahtverhauen fotografiert.
Meine Knochen kann man zählen wie auf einem Röntgenbild,
alle Papiere wurden mir weggenommen.
Nackt brachte man mich in die Gaskammer,
und man teilte meine Kleider und Schuhe unter sich.
Ich schreie nach Morphium, und niemand hört mich.
Ich schreie in den Fesseln der Zwangsjacke,
im Irrenhaus schreie ich die ganze Nacht,
im Saal der unheilbar Kranken,
in der Seuchenabteilung und im Altersheim.
In der psychiatrischen Klinik ringe ich schweißgebadet mit dem Tod.
Ich ersticke mitten im Sauerstoffzelt.
Ich weine auf der Polizeistation,
im Hof des Zuchthauses,
in der Folterkammer
und im Waisenhaus.
Ich bin radioaktiv verseucht,
man meidet mich aus Furcht vor Infektion.

Aber ich werde meinen Brüdern von Dir erzählen.
Auf unseren Versammlungen werde ich Dich rühmen.
Inmitten eines großen Volkes werden meine Hymnen angestimmt.
Die Armen werden ein Festmahl halten.
Das Volk, das noch geboren wird,
unser Volk,
wird ein großes Fest feiern.

Ernesto Cardenal

^{24} *Und sie kreuzigten ihn und verteilten seine Kleider unter sich, indem sie das Los über sie warfen, was jeder bekommen sollte. ^{25} Es war aber die dritte Stunde, als sie ihn kreuzigten. ^{26} Und die Aufschrift mit der Angabe seiner Schuld lautete: Der König der Juden. ^{27} Und mit ihm kreuzigten sie zwei Räuber, einen zu seiner Rechten und einen zu seiner Linken. ^{28} Da wurde die Schriftstelle erfüllt, die sagt:*
„Und er wurde unter die Übeltäter gezählt."
^{29} *Und die Vorübergehenden lästerten ihn, schüttelten die Köpfe und sagten: Ha, der du den Tempel zerstörst und in drei Tagen aufbaust, ^{30} rette dich selbst und steige vom Kreuz herab! ^{31} Ebenso spotteten auch die Hohenpriester samt den Schriftgelehrten untereinander und sagten: Andre hat er gerettet, sich selbst kann er nicht retten. ^{32} Der Christus, der König Israels, steige jetzt vom Kreuz herab, damit wir sehen und glauben! Auch die, welche mit ihm gekreuzigt worden waren, schmähten ihn.*

^{33} *Und als die sechste Stunde eingetreten war, kam eine Finsternis über die ganze Erde bis zur neunten Stunde. ^{34} Und in der neunten Stunde rief Jesus mit lauter Stimme: „Elohi, Elohi, lama sabachthani?" (das heißt übersetzt: Mein Gott, mein Gott, warum hast du mich verlassen?). ^{35} Und als es einige von denen hörten, die dabeistanden, sagten sie: Siehe, er ruft den Elia. ^{36} Einer aber lief, füllte einen Schwamm mit Essig, steckte ihn auf ein Rohr und gab ihm zu trinken, indem er sagte: Halt, lasset uns sehen, ob Elia kommt, um ihn herabzunehmen! ^{37} Da stieß Jesus einen lauten Schrei aus und verschied.*

Markus 15,24–37

10.41 Espolio

Der Zimmermann geht ganz in seiner Arbeit auf.
Er versucht, den Stahl mit der Hand in das Holz zu treiben.
Es ist hartes Holz
– aber es gibt einen Kniff, wie man das macht.
Er hat nichts übrig für den Raub der Kleider
und es kümmert ihn nicht,
ob für ihn etwas dabei herausspringt.
An seiner Geschicklichkeit hängt jetzt alles,
selbst die Sicherheit des Staates.
Eigentlich kann jeder das hier machen.
Seine harten Fäuste fesseln die Augen der Frauen des Verbrechers.
Es ist gar nicht so einfach, Löcher richtig hinzukriegen
– mitten in diesem wüsten Gedränge.
Sie müssen tief genug sein,
daß sie die Nägel halten,
nachdem sie die weichen Füße und Handgelenke durchbohrt haben,
die hinter ihm warten.
Der Zimmermann merkt gar nicht,
daß eine der Hände über ihn gehalten wird,
mit einer seltsamen flehenden Geste.
Doch was wird erbeten?
Vergebung – oder Segen?
Aber selbst wenn er es sähe –
er würde sich nicht darum kümmern.
Aufgehängt werden alle möglichen Leute,
wie jeder weiß, der Kreuze macht.
Sie sind genauso verrückt
oder normal wie die,
die ihren Tod beschließen.
Dieser hier hat sich bis jetzt vernünftig benommen,
obwohl er sich selber 'reingeritten hat.

Der Sohn eines Zimmermanns,
der 'nen Tick kriegte und anfing zu predigen.
Ich bin auch eines Zimmermanns Sohn,
ich werde Söhne haben,
die ebenfalls Zimmermann werden.
Wir werden bauen, was von uns verlangt wird.
Tempel oder Tische –
Krippen oder Kreuze –
egal was es ist –
ich werde anständige Arbeit leisten.
Wenn ich arbeite,
vergesse ich alles um mich herum,
selbst das Grölen dieser Aasgeier hier.
Wer sich in redliche Arbeit kniet,
kommt nicht in Gefahr,
seinen Kopf zu riskieren.
Aber für ihn,
den andern Zimmermannssohn, ist es zu spät,
in den Frieden zurückzukehren,
den handfeste Arbeit gewährt. –
Schon wird auf die Nägel geschlagen.

10.42 Kreuzigung

Längst geübt, zum kahlen Galgenplatze
irgendein Gesindel hinzudrängen,
ließen sich die schweren Knechte hängen,
dann und wann nur eine große Fratze

kehrend nach den abgetanen Drein.
Aber oben war das schlechte Henkern
rasch getan; und nach dem Fertigsein
ließen sich die freien Männer schlenkern.

Bis der eine (fleckig wie ein Selcher)
sagte: Hauptmann, dieser hat geschrien.
Und der Hauptmann sah vom Pferde: Welcher?
Und es war ihm selbst, er hätte ihn

den Elia rufen hören. Alle
waren zuzuschauen voller Lust,
und sie hielten, daß er nicht verfalle,
gierig ihm die ganze Essiggalle
an sein schwindendes Gehust.

Denn sie hofften noch ein ganzes Spiel
und vielleicht den kommenden Elia.
Aber hinten ferne schrie Maria,
und er selber brüllte und verfiel.

Rainer Maria Rilke

10.43 Kreuzigung

Mama,
der blutet ja!
wird der tot?

sei still,
hör jetzt auf die Musik!

warum macht man Musik dazu?

psst!
sei doch jetzt still,
die Leute sehen schon her!

Thomas Erwin

10.44 Armut ist mein Kreuz

Armut ist mein Kreuz –
meine Farbe bindet mich daran.
Wohltätigkeitsbüros –
Stationen auf dem Weg nach Golgatha.

Gehetzt von Gläubigern
trink ich die Tränen, die ich weine.
Schuldscheine –
der Speer, der mich verbluten läßt.

Auf mein Kreuz gestreckt,
leide ich die Qual der Armut.
Verflucht!
Sie wissen, was sie getan haben.

James Matthews

10.45

Vuminkosi Zulu: Crucifixion (1975)

10.46 Cui bono?

„Widerstrebet
nicht dem Übel!"
Sprach's
und ließ
sich kreuzigen.

Nun schadete
das zwar
dem Übel nicht –
aber nutzte
es einem Gut?

Theodor Weißenborn

10.47 Fataler Aspekt

Seit er meinen Bruder
kreuzigen ließ,
um sich
mit mir zu versöhnen,
weiß ich,
was ich von meinem Vater
zu halten habe.

Theodor Weißenborn

10.48 Die Kreuzigung

Der-da-oben
wollte ein Beispiel geben,
aus Liebe, sagt er – und ist
Der-da-unten geworden.

Seine Gefühle in Ehren,
aber wo kämen wir hin ...
man kann doch nicht einfach
alles auf den Kopf stellen!

So haben wir die Sache
wieder in Ordnung gebracht, haben ihn,
Den-da-unten, am Kreuz erhöht,
in den Himmel erhoben.

Es war nicht ganz einfach.
Jedenfalls ist er nun wieder da,
nämlich oben, wo er hingehört,
Der-da-oben.

Lothar Zenetti

10.49 Golgatha

Wann
wenn nicht
um die neunte Stunde

als er schrie
sind wir ihm
wie aus dem Gesicht geschnitten

Nur seinen Schrei
nehmen wir ihm noch ab
und verstärken ihn
in aller Munde

Eva Zeller

10.50

Am Kreuz hängt nicht nur einer,
am Kreuz hängen viele.
Von Freunden vergessen,
von den Zeitungen verschwiegen,
von Krankheit geplagt,
von Sorgen gequält,
von Langeweile ausgehöhlt,
von Ansprüchen erdrückt,
von Angst erpreßt,
von Haß vergiftet.
Am Kreuz hängt nicht nur einer,
am Kreuz hängen viele.
Sollen wir nur von dem einen reden?

10.51

Antonio Saura: Kreuzigung (1957)

10.52 vor dem sarg und hinter dem sarg

sie haben es geschafft
sagt der mann
der den karren zieht
sie haben es fertig gebracht
den einzigen menschen auf dieser welt
umzubringen
sagt der mann vorn

kannst du nicht wenigstens die schnauze halten
sagt der mann
der den karren schiebt

wie sollen wir leben
wenn wir unsere hoffnung begraben
sagt der mann vorn

du sollst den mund halten
sage ich
sagt der mann hinten

da kommt einer
der bietet den leuten
nicht nur wohlfeile rede
nein
das ist einer
der tut
was er sagt
tut es
schreit der mann vorn
daß alle leute am straßenrand es hören
belegt wort für wort
und was er verlangt
verlangt er von sich vor den andern

den mann verurteilen sie
den sperren sie ein
den schlagen sie zusammen wie einen kloben holz
und allewelt
die ihm zugehört hat bis letzten sonntag noch
die verkriecht sich
die heil geschrien haben
hosanna
das ist er
die sind nicht da plötzlich
sagt der mann vorn
der den sargkarren zieht

niemand ist da
sagt der hinten
selbst petrus hat unsern mann im sarg nie gesehen
hat er selbst gesagt
sagt die magd
kräht der hahn
sagt der mann hinten
markus soll ihnen sogar hemd und hose gelassen haben
als sie hinter ihm her waren
lieber nackt als tot
sagt der mann hinten am sarg sarkastisch

und ich hatte gedacht
mit ihm schaffen wir's
mit ihm kommen wir raus aus der misere
einer ist meister
ihr alle seid brüder
der herr ist diener
ich habe euch die füße gewaschen
sagt der mann vorn
es ist zum heulen
sagt er

wenn du nicht endlich schweigst
kannst du allein gehen
wehrt sich der hintermann
bin ich aus stein
ein klotz
der nichts empfindet
bin ich nicht tag für tag bei ihm gewesen
nacht für nacht
habe ich nicht auch mit ihm gegessen
habe ich nicht auch mit ihm getrunken wie du
bist du der einzige
der ohne ihn nicht leben will

der vorn hält eine weile den mund
bleibt dann aber an der straßenecke stehen
dreht sich um zu dem mann hinten und sagt
ich liebe ihn doch
schreit
ich liebe ihn doch

stell dich nicht an
sagt der hinten
die leute bleiben schon stehen
erzähl das denen
die ihn umgebracht haben
die ihn weniger lieben als du
die sich einbilden
ein gutes werk getan zu haben
als sie ihn hochgehen ließen
erinnerst du dich
ein volksverführer weniger
ein gotteslästerer weniger
der den armen flausen in den kopf setzt
von gott geliebt schon auf erden
geliebter als die vornehmen
was sie sagen ist schon richtig

aber was sie tun
daran haltet euch nicht
dieser nadelöhrprophet
der den leuten ihr bißchen luxus madig macht
den gesetzesfrommen alle gesetze wegnimmt
nur eins übrig läßt
das gesetz der gesetze
das für alle gilt
alle sind schwestern
alle brüder
erzähl das denen
dann fahr ich dich morgen allein raus
ihm hinterher
sagt der mann hinten
schon wieder freundlich

eins macht mich ganz verrückt
sagt der mann vorn
der satz des priesters
anderen hat er geholfen
sich selber kann er nicht . . .
konnte er denn nicht
kann er wirklich nicht
oder wollte er nicht
fragt der vorn

sie bringen den sarg zum grabe
einer zieht den karren vorn
einer stößt hinten
der vorn kriegt keine antwort

kannst du nicht leise nachdenken
mann
fragt der hinten
aber ganz leise
     Kurtmartin Magiera

10.53 Golgatha

Dein Tod
hätte genügen sollen
denen, die sich Christen nennen
Dein Tod
hätte enthalten können
alle Tode, die wir kennen
   Alle Tode
   die wir bringen
   alle Tode
   die wir erleiden
   Kyrieleison

Dein Tod
hätte vereinen sollen
alle, die davon erfuhren
Dein Tod
hätte uns helfen können
alle Lebensangst zu nehmen
   Alle Ängste
   die wir bringen
   alle Ängste
   die wir erleiden
   Kyrieleison

Dein Tod
hätte uns, wenn wir wollten
vorbereitet für das Leben
Dein Tod
hätte der Weg sein können
in das Leben ohne Tode
   Ohne Tode
   die wir bringen
   ohne Tode
   die wir erleiden
   Kyrieleison

Hildegard Wohlgemuth

10.54 karfreitags

I

und als das kantige Querholz abschnitt
dem Bauern Simon den Heimweg
kehrte dein Atem ein wenig zurück
biß in die lahme Schulter sich
die Flucht deiner Freunde
höhnten die Flüche des Felsenmannes:
tiefer hinunter, noch tiefer
brannte dein Jünger Judas pausenlos
Küsse in dein zerschundnes Gesicht

und als Juanita, 19 Jahre
sich die Zunge zerbissen hatte vor Qual
als die drei Folterer gröhlend vor Lust
ihren Schoß vernichtet hatten
– sie lag irren Blickes auf Steinen –
stießen zwei die junge Elvira herein
„deine Schwester deckt die Feinde des Volkes
erkennst du sie noch?
du bist 16, willst du Kinder haben?"

vorwärts, Rebell, Ordnung muß sein
es ist nicht mehr weit
die elende Straße verschwimmt
da fällt dich ein Stein –
wie duftet das frischgebackene Brot
deine Mutter stellt Essen auf den Tisch
Maria gießt Salböl über dein Haar
blaue Feldlilien hat dir Marta gepflückt
Salome und Maria von Magdala sprechen
den Lobpreis
steh auf, Galiläer!

da hörst du das Lied
die Frauen singen wie nie zuvor:

wir haben das Korn gemahlen
wir haben die Traube gepreßt
wir haben das Lamm geschlachtet
damit du uns nicht verläßt

wir haben das Lob gesungen
wir haben dein Wort empfangen
wir haben es weitergesagt
und sind deine Wege gegangen

wir werden dich nicht verlassen
wir lieben dich und dein Wort
wir salben dein bitteres Sterben
der Ölbaum bleibt unverdorrt

II

du hängst, unerträgliche Qual
wie andere vor dir hängen mußten
und neben dir hängen die Opfer
von Auschwitz, Treblinka und Plötzensee
hängt dein verzweifelter Jünger Judas
hängt Martin Luther King
hängt Oskar Romero
und neben dir wehren sich in ihren Schlingen
die Mordbürokraten und Mordmaschinisten
aus unserem Volk und anderen Orts

wie Träume und Hoffnung zerschmerzen
mit dem gefolterten Fleisch
ins trostlose Ende stößt dein Herz
das Fenster auf: mein Gott, mein Gott

der Psalm betet weiter
die Mutter nimmt dich zurück
in ihren Schoß
in ihr trauerndes Herz
wie alle Mütter tun
in einer Grube verscharrt
in den Fluß geworfen
geviertelt verbrannt
gehört nur der Leichnam dem Tode

und Domitila aus Siglo XX
der das Kind zerschlagen wurde
im Bauch
und Juanita, zertreten
und Shanti, das indische Baby
an der Brust seiner Mutter
verhungert

euch alle richtet die Schöpferin Liebe
aus der Hand der Menschen
wieder auf

ich weiß nicht wie
ich weiß nicht wo
ich weiß nicht wann

den Stoff
den Ort
die Zeit

wer könnte sie durchschauen?

Christa Peikert-Flaspöhler

10.55 „Denn Nichtlieben ist Tod und
Lieben ist Leben"
(Raimundus Lullus)

> wir hassen
> und haben
> oft wenig grund
> zum haß
>
> er haßte
> und hatte
> genügend grund
> zum haß
>
> er starb
> und im sterben
> vergaß er
> den haß
>
> wir leben
> und um den haß
> zu vergessen
> werden wir sterben
>
> *Kurt Marti*

Quellennachweis

S. 16 Aus: H. Goldstein (Hg.), Tage zwischen Tod und Auferstehung. Geistliches Jahrbuch aus Lateinamerika. Patmos Verlag, Düsseldorf 1984, S. 330f. – S. 18 Ölkreide auf Foto. © VG Bild-Kunst, Bonn 1988 – S. 19 Aus: Ders., Jesus-Texte. © 1972 by Verlags AG Die Arche, Zürich – S. 20 © P. F. Bock – S. 21 Aus: Ders., Kein Kinderspiel. Neukirchener Verlag, Neukirchen-Vluyn 1980, S. 33 – S. 22 (10.6) Aus: K. Marti, geduld und revolte. gedichte am rand. © RADIUS-Verlag, Stuttgart 1984, S. 9; (10.7) Aus: A. Muschg, Geschichtenweihnacht, in: W. Erk (Hg.), Warten auf ihn. Christliches Hausbuch für Advent, Weihnachten und Epiphanias. RADIUS-Verlag, Stuttgart 1981, S. 12 – S. 23 Aus: Th. Sundermeier, Südafrikanische Passion. Linolschnitte von Azaria Mbatha. Luther Verlag, Bielefeld/Aussaat Verlag, Wuppertal 1977, S. 42. Rechte: Vereinigte Evang. Mission, Wuppertal – S. 24 Aus: Ders., Niedergefahren zur Erde. Quell Verlag, Stuttgart 3/1980, S. 65ff. – S. 29 Aus: Ders., Ein Maulbeerbaum für die Übersicht. Neukirchener Verlag, Neukirchen-Vluyn 1980, S. 74ff. – S. 31 (10.11) Aus: Ders., Ernstfall. J. F. Steinkopf Verlag, Stuttgart ^{2}1973; (10.12) Aus: Ders., Feste deines Lebens – Stationen Seines Weges. Lahn-Verlag, Limburg 1977 – S. 33 Aus: Equipo Pastoral de Bambamarca, Vamos Caminando. Edition liberación. Freiburg/Münster 1983, S. 262f. – S. 36 Aus: Ders., Wenn uns Hören und Sehen vergeht. Patmos Verlag, Düsseldorf 1987, S. 93 – S. 38 Aus: H. Goldstein (Hg.), Tage zwischen Tod und Auferstehung, a.a.O., S. 305f. – S. 40 Linolschnitt. Aus: Passion in Südafrika. © Beratungsstelle für Gestaltung. Eschenheimer Landstr. 565, Frankfurt 50 – S. 41 Aus: Dies., meditationen und gebrauchstexte. W. Fietkau Verlag, Berlin 1982, S. 15 – S. 43 Aus: Ders., Niedergefahren zur Erde, a.a.O., S. 77f. – S. 44 Aus: Ders., Ein Maulbeerbaum für die Übersicht, a.a.O., S. 85 – S. 46 Lithographie. © Otto Dix Stiftung, Vaduz – S. 47 © J. Rennert – S. 48 Aus: Ders., Die wunderbare Zeitvermehrung. Verlag J. Pfeiffer, München ^{2}1983, S. 66f. – S. 51 Aus: Dies., meditationen und gebrauchstexte, a.a.O., S. 14 – S. 52 Lithographie. © VG Bild-Kunst, Bonn 1988 – S. 53 Aus: Ders., roter faden glück. lichtblicke. Verlag Butzon & Bercker, Kevelaer ^{5}1988, 4.3 – S. 56 (10.26) © J. Rennert; (10.27) © Th. Weißenborn – S. 57 Aus: Dies., fliegen lernen. Gedichte. W. Fietkau Verlag, Berlin 1980, S. 13 – S. 58 © A. Kollwitz – S. 59 Lithographie. © Otto Dix Stiftung, Vaduz – S. 60 Aus: W. Erk (Hg.), Passion und Ostern. J. F. Steinkopf Verlag, Stuttgart 1978, S. 82f. – S. 62 Zeichnung S 1 (141), Zulustift, Biber Conceptpapier. © 1988, Copyright by COSMOPRESS, Genf – S. 63 Aus: A. Reiser/ P. G. Schoenborn (Hg.), Sehnsucht nach dem Fest der freien Menschen. Jugenddienst Verlag, Wuppertal 1982, S. 98ff. – S. 68 Aus: Kurt Marti, geduld und revolte. gedichte am rand. © RADIUS-Verlag, Stuttgart 1984, S. 66 – S. 69 Aus: Ders., Der tanzende Hiob. Verlag Styria Graz Wien Köln ^{5}1986, S. 33 – S. 70 Aus: Ders., Psalmen. © by Limes Verlag in der F. A. Herbig Verlagsbuchhandlung GmbH München – S. 71 Aus: U. Seidel/D. Zils, Psalmen der Hoffnung. Texte für jeden Tag. Schriftenmissions-Verlag, Neukirchen-Vluyn ^{2}1982, S. 37 – S. 72 (10.38) © VG Bild-Kunst, Bonn, 1988; (10.39) Aus: Ders., Gott in schwarzen Gettos. Verlag der Ev.-Luth. Mission, Erlangen ^{2}1984, S. 19ff. – S. 74 Aus: Ders., Psalmen. Jugenddienst-Verlag, Wuppertal 1968, 11/1981 – S. 79 Aus: Ders., Werke in drei Bänden. Band 1. © Insel Verlag, Frankfurt am Main 1966 – S. 80 (10.43) © Thomas Erwin; (10.44) Aus: G. Bezzenberger/W. Erk (Hg.), Schrei deinen Zorn hinaus Kind der Freiheit. Kassel 1975, S. 38 (Übersetzung: A. Ruthies) – S. 81 Radierung. Aus: Passion in Südafrika, a.a.O., S. 22 – S. 82 © Th. Weißenborn – S. 83 Aus: Ders., Die wunderbare Zeitvermehrung, a.a.O., S. 68 – S. 84 (10.49) © E. Zeller; (10.50) Quelle unbekannt – S. 85 Schwarze Tinte auf Papier. © VG Bild-Kunst, Bonn, 1988 – S. 86 Aus: Ders., ich habe dein Gesicht gesehen. Verlag Butzon & Bercker, Kevelaer 1975, S. 67ff. – S. 90 © H. Wohlgemuth – S. 91 © Chr. Peikert-Flaspöhler – S. 94 Aus: Ders., Leichenreden, 1969. © by Luchterhand Literaturverlag, Darmstadt. – Einige Quellenhinweise sind trotz Bemühungen des Verlags nicht möglich. Diesbezügliche Hinweise sind an den Verlag zu richten.

Biblische Texte verfremdet

– scheinbar vertraute Texte aus der Bibel erhalten Frische, Aktualität und Schärfe

»... Die meisten Beispiele sind garstig, mitunter sind die biblischen Vorlagen ›entstellt bis zur Kenntlichkeit‹ (Klaus Staeck). Aber sie sind geeignet, erstarrte Wahrnehmungsmuster aufzubrechen...
Die Reihe ist eine Fundgrube für Lehrer und Mitarbeiter in Schule und Gemeinde. Und für alle, die neue Zugänge zur Bibel suchen.«
　　Deutsches Allgemeines
　　　　Sonntagsblatt

Band 1
136 Seiten, kart.
Band 2–9
je 95 Seiten, kart.